FACULTÉ DE DROIT D'AIX

DU DROIT DE VISITE

SPÉCIALEMENT

EN CAS DE GUERRE

THÈSE POUR LE DOCTORAT

PAR

Paul GILLES

ANCIEN OFFICIER DE MARINE

AVOCAT A LA COUR D'APPEL DE BESANÇON

PARIS

LIBRAIRIE NOUVELLE DE DROIT ET DE JURISPRUDENCE

ARTHUR ROUSSEAU

ÉDITEUR

14, rue Soufflot, et rue Toullier, 13

1895

THÈSE

POUR LE

DOCTORAT

DU DROIT DE VISITE

SPÉCIALEMENT

EN CAS DE GUERRE

THÈSE POUR LE DOCTORAT

Présentée et soutenue le Jeudi 11 Juillet 1895

PAR

Paul GILLES

ANCIEN OFFICIER DE MARINE

AVOCAT A LA COUR D'APPEL DE BESANÇON

Président : M. VERMOND

suffragants : { MM. BOUVIER-BANGILLON, } *professeurs.*
                { AUDINET, }

PARIS

LIBRAIRIE NOUVELLE DE DROIT ET DE JURISPRUDENCE

ARTHUR ROUSSEAU

ÉDITEUR

14, rue Soufflot, et rue Toullier, 13

1895

DU DROIT DE VISITE

SPÉCIALEMENT EN CAS DE GUERRE

TITRE PREMIER

SOURCES DU DROIT DE VISITE. — SES CAUSES GÉNÉRA-
TRICES. — SA LÉGITIMITÉ.

On appelle droit de visite, le droit, pour un navire de
guerre d'une puissance belligérante, d'arrêter en mer
et de visiter les bâtiments marchands des puissances
neutres ou soi-disant tels.

Ce droit n'est point un droit principal, et M. Pasquale
Fiore, dans son traité du *Droit International public
maritime*, le définit assez justement : une institution
admise par le droit secondaire comme forme nécessaire pour l'exercice d'un droit primitif.

Avant d'examiner ce droit accessoire, il est donc
nécessaire de jeter un coup d'œil sur le droit primitif
auquel il se rattache. Partant ainsi de la source même,
il nous sera plus facile de déterminer sa nature exacte,
et le domaine qui doit lui être assigné.

1

Or, la source de ces divers droits, tant principaux qu'accessoires, n'est autre que l'état de guerre, situation de fait résultant de l'exercice du droit de guerre.

Qu'est-ce donc que la guerre ?

En droit, on peut la définir un moyen, en quelque sorte un moyen de procédure soumis à des lois spéciales, et destiné à amener la solution d'un litige international.

Cette définition, peu conforme à la guerre d'autrefois dont l'exercice était laissé à l'arbitraire le plus complet des passions désordonnées des peuples d'alors, devient de jour en jour plus exacte en fait.

Moyen ? En effet, la guerre est bien un moyen, car cet état, tout à fait anormal, n'est nullement le but auquel aspirent les parties en cause.

Mais, bien mieux, je dis que c'est en quelque sorte un « moyen de procédure ». Et en effet, la guerre nous fournit une ressemblance frappante avec certaine institution du moyen âge, que la procédure d'alors reconnaissait expressément comme un moyen légal destiné à amener la solution des litiges de l'ordre privé : je veux nommer le duel judiciaire.

Lorsque les textes des lois en vigueur ou les circonstances du fait ne permettaient pas au juge de dire le droit, les parties avaient recours à ce moyen suprême, exactement comme de nos jours les peuples recourent à la guerre lorsque les questions litigieuses qui les divisent n'ont pu recevoir de solution amiable, soit d'eux-mêmes, soit par l'intermédiaire du concert des nations civilisées.

Nous trouvons aujourd'hui le duel judiciaire tout à fait barbare et arriéré ; nous n'en comprenons nullement la nécessité, et nous pensons très justement que le vainqueur, en fait, dans ces sortes de rencontres, n'était peut-être pas toujours celui qui avait le bon droit de son côté.

Il en est de même dans la guerre moderne : et cependant la nécessité et même la légitimité de ce moyen se trouvent consacrées par l'assentiment universel des peuples couronnant solennellement le résultat de la force brutale.

Mais si ces deux institutions se ressemblent, tant au point de vue de la cause génératrice que des effets, là ne s'arrête pas la ressemblance.

Le duel judiciaire, moyen légal ordonné par le juge pour découvrir le droit, était soumis à des règles spéciales rigoureusement prévues par la procédure alors en usage : les spectateurs, les tiers ne devaient favoriser les combattants ni par actions ni par paroles, ni même par gestes. De plus, le seul but du combat était le règlement du litige : le vainqueur gagnait son procès, mais n'en avait point pour cela le droit de s'emparer des autres biens de son rival.

De même, de nos jours, la guerre commence à être également soumise à toute une série de lois positives, contenues dans les traités, dénommées « lois de la guerre », et qu'on pourrait appeler le Code de Procédure de la guerre moderne.

Au début des hostilités les belligérants ont d'ailleurs généralement bien soin de rappeler ces lois au monde civilisé ; et, dès lors, chacun d'eux a nécessairement l'exercice des droits accessoires indispensables pour en assurer l'observation, droits dont le droit de visite fait partie comme je vais le démontrer.

Tout d'abord, dans cet ensemble des lois de la guerre, il importe de faire une division correspondante aux diverses circonstances de fait et de lieu dans lesquelles surviennent les hostilités.

La guerre peut en effet se poursuivre, soit sur terre, soit sur mer.

Nous allons jeter un coup d'œil sur les deux situations, examiner les lois qui régissent particulièrement la guerre maritime, et les applications de ces lois nous montreront la rigoureuse nécessité du droit qui nous occupe.

Entre la guerre maritime et la guerre terrestre, il existe des différences essentielles qui tiennent principalement à la nature même des éléments sur lesquels se produit le conflit. Tandis que les opérations militaires sont exercées sur une partie de notre planète susceptible d'appropriation, les opérations maritimes se poursuivent généralement sur des espaces indéfinis qui n'appartiennent à personne, ou, pour mieux dire, qui appartiennent à tout le monde.

De cette distinction fondamentale, il résulte qu'ici les seules personnes en présence sont d'une part les compatriotes, et d'autre part des ennemis, alors que là les circonstances de la navigation, sur cette mer commune à tous, mettent souvent en contact avec les combattants des tiers, que, dans le langage de la guerre, on appelle des « neutres ».

Il se produit donc nécessairement des complications, et la présence d'un navire tiers sur le théâtre de la lutte inspire à chacun des partis en présence une sorte de défiance sur le rôle qu'il y peut jouer.

Cet inconnu, quel est-il? Ne serait-il pas un ennemi, caché sous un faux pavillon? Ou, si son pavillon est sincère, sa présence sur le théâtre des hostilités ne résulte-t-elle pas d'une intervention plus ou moins occulte en faveur de l'ennemi?

Au fond de l'âme humaine, il n'existe pas en effet de neutralité parfaite, et le spectacle de deux peuples en guerre ne peut laisser les autres complètement indifférents. Car en dehors même de toute question d'intérêts, les sympathies de race, de religion, de caractère, les souvenirs de l'histoire, tout contribue à faire naître chez les tiers des sentiments plus sympathiques à l'égard de l'un des combattants. De là à traduire ces sentiments par des actes, il n'y a qu'un pas, bien facile à franchir, et, si cette façon d'agir n'est point compatible avec la guerre terrestre, elle puise dans la liberté des mers une facilité d'exécution bien tentante.

C'est dans cette tendance très naturelle des hommes
et même des peuples à violer la stricte loi de la neutralité en cas de guerre étrangère et à traduire par des
actes les sentiments de plus vif intérêt inspirés par l'un
des belligérants qu'il faut puiser la principale raison
d'être du droit de visite.

J'ai dit : la principale raison d'être, mais non la seule.
Il existe en effet, entre la guerre maritime et la guerre
terrestre, d'autres différences que celles résultant de la
seule nature des éléments, théâtre de la lutte, différences entraînant, pour la guerre navale, l'application
de règles spéciales de procédure.

Sur terre, les lois de la guerre ont édicté un principe
formel, celui du respect de la propriété privée. On a
fini par reconnaître en partie ce que je disais tout à
l'heure, que la guerre n'est qu'un moyen de procédure
ayant pour but d'amener la solution d'un litige international. Le droit naturel a donc commencé à triompher
de l'amour du lucre, et il est admis que les états seuls
représentés par les armées se font la guerre : la propriété privée de l'ennemi est sacrée.

Mais cette loi qui nous semble si conforme à la plus
rigoureuse équité n'a pas encore été admise de nos
jours dans la guerre maritime : ici la force brutale et le
pillage sont en honneur et les biens des particuliers
deviennent en principe la proie du plus fort (1).

(1) Napoléon lui-même écrit dans ses mémoires (T. 3, ch. 6, § 1er,

Pourquoi cette différence ? Je l'ignore, et elle ne saurait s'expliquer que par la cupidité de certaines grandes puissances maritimes, et principalement de l'Angleterre.

Pour ce peuple au caractère mercantile, la guerre est une véritable opération commerciale. Les marins anglais y voient principalement des sources incomparables de bénéfices et, par suite, pour stimuler le zèle de ces « marchands armés » il faut bien leur promettre le butin de l'ennemi.

L'Angleterre a donc un intérêt majeur dans le maintien de cette iniquité qu'on appelle le droit de prise, et les arguments spécieux qu'elle a fait valoir dans ce but ont entraîné l'Europe à sa suite.

Toutefois, en autorisant ce vol, la loi positive en a réglé l'exercice de façon à donner à ce délit une apparence de justice, et elle a même institué des « tribunaux » de prises destinés à assurer l'observation des règles prescrites pour ce pillage légal : ce sont là des

p. 304) : « Il est à désirer qu'un temps vienne où les mêmes idées li-
« bérales s'étendent à la guerre de mer, et que les armées navales de
« deux puissances puissent se battre sans donner lieu à la confiscation
« de navires marchands. Le commerce se ferait alors sur mer entre
« les nations belligérantes, comme il se fait sur terre au milieu des
« batailles que se livrent les armées... »

Ces idées libérales avaient déjà été proposées à l'Assemblée législative en 1792 et elles se trouvent exprimées dans le préambule du décret du 21 nov. 1806 qui déclare le blocus des Iles Britanniques.

moyens chers à l'homme pour accomoder ses intérêts avec sa conscience.

La prise étant permise, il fallut donc bien autoriser les moyens de la faire, et déclarer que, du moment que la propriété privée de l'ennemi était un légitime butin pour le plus fort, ce dernier avait le droit de la rechercher partout où il croirait pouvoir la trouver.

Et c'est ce qu'on fit.

La visite acquit ainsi une seconde raison d'être, la principale même aux siècles derniers .par suite de la cupidité humaine. On eut le droit de rechercher sur tout navire rencontré en mer la propriété ennemie pour s'en emparer.

Nous parlerons plus loin des extensions démesurées qui furent données aux diverses époques au droit de prise, et par suite au droit de visite qui en résulte directement, et des restrictions qui furent apportées à ces excès par la déclaration de Paris de 1856.

Outre les deux causes principales qui viennent d'être développées, le droit de visite est également la conséquence d'un droit reconnu aux belligérants par les lois de la guerre, « le droit de blocus ».

Jusqu'en 1856, les règles ont bien varié sur cette matière ; et principalement aux époques troublées du commencement de ce siècle, on a vu fréquemment les belligérants émettre la prétention de défendre à tout navire neutre, sous peine de prise, le commerce avec les ports ennemis, et cela en vertu d'une simple déclaration de puissance, le plus souvent sans même appuyer cette décision du concours d'aucune force navale.

Ce système, soutenu principalement par l'Angleterre, était appelé par les publicistes la théorie du *blocus sur papier* ou *blocus de cabinet*. Tout navire neutre qui se dirigeait vers les côtes et les ports ainsi désignés était considéré comme ennemi et par conséquent comme de bonne prise, pour peu qu'il y eût *probabilité* qu'il eût connaissance de la déclaration de blocus.

Il est aujourd'hui admis par toutes les puissances que le blocus ne peut être valable que lorsqu'il est effectif, c'est-à-dire appuyé par une force navale suffisante pour interdire l'accès des ports bloqués aux navires marchands qui s'y présentent.

Dès lors les croiseurs de la puissance bloquante ont non seulement le droit, mais le devoir de visiter les bâtiments neutres qui tenteraient de franchir la ligne de blocus, afin de le leur notifier une première fois, personnellement, par une mention inscrite sur leur journal de bord. Ce n'est qu'en cas de récidive que la prise peut être autorisée.

Il existe enfin pour la visite une quatrième cause, cause primordiale en quelque sorte, citée par quelques auteurs, mais qui ne me paraît point cependant par elle-même génératrice du droit de *visite* proprement dit : je veux parler de la vérification du pavillon.

Le pavillon est un signe arboré à l'arrière du navire et qui doit en indiquer la nationalité. Il est certain que de nos jours, et depuis longtemps, ce signe est trop souvent mensonger. A l'égard des bâtiments de commerce il ne peut aucunement faire foi, et il serait à souhaiter qu'on ne pût pas chez certains peuples faire le même reproche aux navires de guerre.

Le coup de canon tiré par un navire de guerre pour appuyer des couleurs est la parole d'honneur de l'officier commandant. Je ne crois pas, dit Hautefeuille, qu'il y ait d'exemple que cette parole ait été donnée mensongèrement, si ce n'est par des officiers anglais autorisés, dit Valin, par leur Gouvernement.

Le croiseur belligérant ne peut donc, à la seule inspection du pavillon, reconnaître d'une façon certaine la nationalité des navires de commerce qu'il rencontre. Il faut donc qu'il attaque les navires amis ou qu'il laisse passer en paix les ennemis déguisés sous des couleurs neutres ; qu'il abandonne son droit ou qu'il viole son devoir. Or, à toutes les époques, les peuples comme les individus ont préféré la violation du devoir à l'abandon du droit. « C'est pour remédier à ce grave inconvénient, dit Hautefeuille, que la loi secondaire a inventé le droit qu'elle attribue au croiseur de visiter les navires rencontrés à l'effet de s'assurer s'ils sont réellement amis ou ennemis ».

Cette enquête du pavillon n'est pas d'ailleurs la visite : elle lui ressemble comme la préface d'un ouvrage à cet ouvrage même.

Il importe de les distinguer.

En résumé, par conséquent, la visite a pour triple cause d'assurer l'observation de la loi de neutralité des tiers, de permettre la prise des choses qui en sont susceptibles en vertu des lois et usages régissant cette matière, et enfin d'empêcher les navires neutres de violer un blocus effectif à eux notifié.

C'est donc bien un droit accessoire dont l'exercice a pour but immédiat d'assurer l'observation de ces lois spéciales de la procédure de la guerre maritime.

— Quelques auteurs ont refusé à la visite la qualité de droit. Or, qu'est-ce qu'un droit? Un droit, nous le savons, c'est la faculté que nous avons de faire quelque chose en vertu de quelque titre. Et le titre générateur de cette faculté peut être l'expression de la loi écrite comme il peut être seulement la mise en action des sentiments de justice gravés par le Créateur dans la conscience humaine.

Or, en l'espèce, avons-nous réellement ce *titre* qui peut seul nous permettre en toute équité de faire la visite des bateaux neutres ou paraissant tels que nous rencontrons, nous, belligérants sur le théâtre des hostilités ?

A la première partie de la question, il faut répondre oui. Nous avons en effet des textes internationaux très précis nous autorisant à la visite. Les traités, venant à la suite de faits historiques souvent répétés le déclarent expressément, et une coutume constante et universelle l'avait déjà consacré bien avant la loi positive. La dé-

monstration de ce premier point résultera plus particulièrement du titre II de ce travail. Qu'il me suffise pour
l'instant de poser une affirmation.

Mais je ne veux pas me contenter de déclarer que la
loi écrite a affirmé la légitimité de ce droit. Trop souvent cette loi n'est que l'expression de la volonté arbitraire des puissants du jour, bien loin d'être la consécration solennelle des véritables principes de justice et
d'équité : et cette vérité indéniable dans la législation
intérieure d'une nation, apparaît plus évidente encore
dans les lois qui président aux relations des peuples.

Car si, d'un côté, nous voyons à chaque instant les
partis politiques qui divisent un pays chercher à se détruire à coups d'ordres plus arbitraires les uns que les
autres en masquant leurs intentions criminelles sous les
dehors de ce mot si malheureusement prostitué : la
Loi ! dans le champ des relations internationales, cette
situation est encore plus vraie : chaque peuple (1)
ayant une tendance naturelle à affirmer *droit*, c'est-à-
dire expression positive de la justice, ce qui lui est particulièrement utile pour assurer sa prédominance et
affaiblir ses voisins, c'est-à-dire ses rivaux, et par conséquent ses ennemis.

Le droit de visite ayant reçu sa consécration de la loi
positive par la coutume et les traités constitue-t-il donc,

---

(1) ... et particulièrement le peuple Anglais.

lui aussi, une violation de principes de justice et d'é-
quité ? Je ne le crois pas.

On viendra bien me dire : Comment ? Vous allez violer un domicile, attenter à la liberté d'un tiers ! Vous
allez obliger un navire libre à s'arrèter, et cela sur la
mer libre ! Vous allez envoyer des combattants exercer
un droit d'inquisition sur un territoire neutre, officiellement, et en armes ! Et vous prétendez que vous ne
violez pas le droit naturel ?

Non, je ne viole pas le droit naturel en tant que
j'exerce mon droit de visite pour assurer l'observation
de la grande loi de neutralité des tiers.

Hübner affirmait même au siècle dernier que c'était
dans l'*intérêt des neutres* que la visite avait été établie
par l'usage, car son but principal devait être d'exempter les navires neutres des rigueurs que les vaisseaux de
guerre ou les navires armés en course peuvent et doivent exercer contre les bâtiments ennemis.

Les belligérants ont en effet naturellement un certain droit de contrôle, de police, pour assurer la stricte
observation de cette neutralité si particulièrement facile
à violer sur les espaces indéfinis qu'on appelle la mer
libre. Et, en présence de toutes les ruses de guerre, de
toute la mauvaise foi, passée presque en force de loi,
des peuples en lutte comme des tiers, il n'est vraiment
que nécessaire, pour empêcher la liberté des mers de
devenir la licence, de reconnaître la rigoureuse raison

d'être d'un droit de surveillance et de police, c'est-à-dire du droit de visite.

Par la visite, je ne viole pas plus le droit naturel que l'officier de la force publique qui, comme défenseur de la société, recherche le malfaiteur chez le citoyen.

Ce droit ne nous vient donc pas seulement de l'usage et des traités, mais plus haut que cela ; il a sa source dans la justice et l'équité, et dans le droit absolument indiscutable et sacré de la défense ; chacun des belligérants est dans l'obligation de vérifier, pour sa sûreté personnelle, si le navire qu'il rencontre dans ses parages n'appartiendrait pas à l'ennemi ou ne le favoriserait pas en portant de la contrebande de guerre.

L'ami de Diderot, l'abbé napolitain Galiani, faisait très justement, au siècle dernier, l'observation suivante :

« Le navigateur ne pouvant rester tranquille, dans le doute sur les intentions des vaisseaux qu'il voit rôder autour de lui, on ne peut lui contester le droit de s'enquérir qui ils sont. La visite n'est donc pas un acte de supériorité ou de juridiction ; c'est seulement un droit de défense naturelle ou de précaution ».

Mais je conviens que cette théorie n'est soutenable que pour le droit de visite assurant l'observation de la neutralité et non point pour ce droit en tant que préliminaire de la prise. Ici il n'est pas possible d'invoquer le droit naturel qui ne saurait autoriser un vol, même revêtu de l'appareil judiciaire et légal.

Je ne baserai donc pas la visite, dans ce cas, sur l'équité ou la loi naturelle, mais je lui conserverai néanmoins la dénomination de droit, car les traités et les lois intérieures des peuples me fourniront alors le titre générateur du droit.

La visite est donc bien un droit dans toute l'acception du mot; mais c'est un droit secondaire, accessoire du droit des neutres, du droit de prise et du droit de blocus.

« Les deux seuls publicistes qui refusent de reconnaître le droit de visite, écrit Genner (1), amenés à ce résultat par un point de départ faux et tiré du prétendu droit naturel, sont le Danois Bornemann et l'avocat hambourgeois Meno Pohls. Bornemann a publié sur ce sujet, à Copenhague, en 1801, un ouvrage dans lequel il démontre que le droit de visite étant une atteinte au droit des neutres, n'a pas de base dans le droit naturel, bien qu'on ne puisse se refuser à accorder qu'il est reconnu par le droit positif. Bornemann accorde qu'on doit empêcher les neutres d'amener des munitions de guerre aux belligérants. Mais il veut que cela se fasse d'une manière qui ne gêne en rien la libre navigation. A cette fin, il propose de faire visiter les navires avant qu'ils quittent le port de départ neutre. Pour cela, il faudrait avoir dans chaque port neutre des commissions spéciales, composées d'un représentant de chacune des

(1) Page 298.

puissances belligérantes et d'autant de membres qu'il plairait au souverain neutre de leur adjoindre. Lorsque la commission s'est assurée que la cargaison du vaisseau en partance ne renferme pas de contrebande, elle lui donnerait une lettre de passe qui devrait être représentée au port d'arrivée ».

Il est difficile de comprendre la garantie que ces embarrassantes et inutiles formalités pourraient donner aux belligérants, relativement au respect de la neutralité par les navires marchands qu'ils rencontreraient.

Meno Pohls est plus radical. La visite, pour lui, est un fait et nullement un droit. La preuve de la violation de la neutralité incombe au belligérant. Il ne peut arrêter le neutre et le visiter qu'*après avoir fait cette preuve.*

Un tel sophisme ne mérite même pas la discussion : ce qui précède l'a suffisamment réfuté.

Le programme des réformes proposées par l'éminent économiste anglais Cobden comporte également l'abolition du droit de visite (1).

Mais ces tentatives isolées ne portèrent aucun fruit, et, aujourd'hui comme hier, et probablement comme demain, tant que la guerre navale existera, tous les peuples belligérants seront dans la nécessité d'admettre le droit de visite.

Quant à la visite en temps de paix, on ne saurait en

---

(1) *Débats*, 18 avril 1861.

admettre l'exercice en dehors d'un traité formel. Les peuples ne peuvent alors invoquer le prétexte de leur sécurité personnelle, et les motifs que certains d'entre eux ont invoqué pour obtenir des autres la reconnaissance d'un tel droit ne supportent pas un examen impartial.

Il faut même aller plus loin et dire que de pareilles stipulations, contraires au droit naturel, ne sont pas sans inconvénient. Elles impliquent en effet un abandon de la souveraineté qui, de son essence, est incessible et inaliénable, et, lorsque la loi positive sort du cadre qui lui est tracé par la raison, c'est-à-dire viole la loi naturelle, elle tombe dans l'arbitraire et peut faire naître les plus graves conflits.

Nous étudierons à part, sommairement, ce droit spécial en temps de paix (1), et, dans le cours de ce travail, nous n'entendons parler que du droit de visite en temps de guerre, tel que nous venons de l'exposer.

---

(1) Les Anglais l'appellent « *right of visit* » ou « *right of approach* » pour le distinguer du droit de visite en temps de guerre appelé : « *right of visit and search* ».

TITRE SECOND

DIVERSES PHASES HISTORIQUES DE L'ÉCLOSION DU DROIT DE VISITE DANS LE DROIT POSITIF.

Quelques auteurs ont voulu faire remonter jusqu'à l'époque romaine la reconnaissance du droit de visite. Ils ont cru en trouver des traces dans certains passages du Digeste et des Basiliques qui défendent, sous peine de mort, de vendre aux ennemis du fer, du blé ou d'autres matières.

Cette opinion nous paraît quelque peu hasardée, car à cette époque, par suite de l'inexistence de nations souveraines en dehors des Romains, le droit international public maritime n'avait encore reçu aucun développement, et il faudrait des textes bien formels pour permettre d'accepter cette conjecture.

Or, les textes précités ne parlent nullement de la visite. Vattel nous cite bien, § 117, un fait de la vie de Démétrius. Ce roi, faisant le siège d'Athènes, fit pendre le propriétaire et le capitaine d'un vaisseau qui avait introduit des vivres dans le port. Mais ce trait n'a qu'un rapport tout à fait accidentel avec la visite ; il en sup-

pose seulement l'existence en fait, mais nullement la
reconnaissance en droit d'une façon formelle.

Les monuments juridiques de cette époque sont
muets et il me semble téméraire de vouloir leur faire
dire des choses que les jurisconsultes d'alors n'ont certainement pas entendu dire.

En tout cas, c'était alors, sur mer comme sur terre,
un principe universellement admis dans le droit de la
guerre que les belligérants pouvaient légitimement
s'emparer de la propriété privée de l'ennemi. Mais si le
principe était admis, les conséquences, dans la guerre
maritime du moins, n'en avaient pas été poussées bien
loin, et il est à croire que pendant les premiers siècles
du moyen âge les nations en guerre n'avaient pas élevé
la prétention de *rechercher* sur les navires neutres la
marchandise ennemie qui pouvait s'y trouver. Comme
le dit Hautefeuille, cette opinion ne peut être appuyée
sur aucun document authentique, mais elle ne peut être
combattue par aucun acte, par aucune loi, même intérieure, de cette époque, et, par suite, on doit l'admettre sans hésiter.

« La question de la *recherche* de la propriété enne-
« mie chargée sur navire neutre dut son origine,
« continue le même auteur, à la rivalité ou plutôt à la
« jalousie mercantile des républiques de l'Italie. Pise,
« Gênes, Venise ne tiraient leur puissance que du
« commerce ; la ruine du commerce était la ruine de
« la nation. Ces villes étaient continuellement en guerre

« les unes contre les autres ; anéantir le commerce de
« l'ennemi était par conséquent le but principal, uni-
« que peut-être de chacune des parties. Dans ces
« luttes, il est probable que le plus faible dut chercher
« à sauver au moins une partie de son négoce en se
« servant de navires neutres pour transporter en sûreté
« les marchandises que son pavillon ne pouvait plus
« protéger. L'adversaire, de son côté, fit tous ses
« efforts pour atteindre son ennemi jusque dans ses
« dernières ressources. Le seul moyen d'y parvenir
« était d'aller sur le navire étranger rechercher la
« marchandise ennemie qui y était chargée. Ce fut celui
« qu'on adopta. »

Dès 1164, les Pisans en firent une première application. Dans une guerre contre Gènes, ils s'emparèrent
d'un chargement d'alun qu'ils trouvèrent à bord d'un
vaisseau égyptien, prétendant que cette marchandise
appartenait à un Gènois. Le sultan d'Égypte protesta,
sans réclamer toutefois contre la violation de son pavillon. Il reconnaissait ainsi aux belligérants le droit de
rechercher la propriété ennemie sous pavillon neutre,
en un mot le droit de visite dans toute son étendue.
Mais il démontra que cet alun était la propriété d'un
de ses sujets et il en obtint la restitution.

Pardessus nous rapporte à ce sujet (tome II, p. 303)
divers traités conclus aux XIIIᵉ et XIVᵉ siècles, l'un de
1221 entre la ville de Pise et celle d'Arles, un autre de
1351 entre Edouard III d'Angleterre et les villes de

Biscaye et de Castille, enfin un troisième de 1353 entre le même souverain et les villes de Portugal : tous reconnaissent que la marchandise ennemie chargée sur un navire ami peut y être recherchée et est de bonne prise, alors que la marchandise amie, quoique chargée sur un bâtiment ennemi, doit être respectée.

C'est aussi vers cette époque que la plupart des auteurs croient pouvoir placer la première mention positive du droit de visite. Elle se trouverait, d'après eux, dans le « Consulat de la Mer » dont Pardessus place la rédaction à la fin du XIIIe siècle ou, au plus tard, vers le milieu du XIVe. (Il est impossible de donner une date plus exacte.)

Le ch. 276 de ce recueil parle ainsi :

« Lorsqu'un navire armé… rencontre un navire marchand… si le navire qui sera pris appartient à des amis tandis que les marchandises qu'il porte appartiennent à des ennemis, l'amiral du vaisseau armé peut contraindre et forcer le vaisseau ami qu'il aura pris à lui apporter ce qui appartiendra à des ennemis ».

Cet article ne renferme rien d'autre que les traités précités et on n'y voit pas clairement apparaître le droit de visite tel que nous le concevons aujourd'hui. C'est sur ce défaut de mention expresse (1) qu'Hautefeuille

---

(1) Gessner et Calvo commettent donc une légère exagération en déclarant que le « Consulat de la Mer » mentionne *expressément* le droit de visite. Le texte précité combat cette affirmation.

a cru pouvoir se baser pour déclarer que ce droit était inconnu au XV⁰ siècle.

C'est là, en somme, jouer sur les mots. Le mot de « visite » n'est pas prononcé, c'est vrai, dans les textes précités, mais comment le vaisseau de guerre aurait-il pu s'assurer que le navire de commerce qu'il rencontrait était porteur de marchandises ennemies sans une visite préalable.

Il est possible que cette visite ne fût pas faite alors suivant le cérémonial moderne. Il n'en est pas moins constant qu'elle était rigoureusement nécessaire *en fait* pour donner une sanction au droit de prise, et un fait indispensable pour assurer la conservation d'un droit formellement reconnu constitue bien lui-même un droit non principal peut-être, mais tout au moins accessoire du premier. On peut donc affirmer que le droit de visite était dès lors reconnu expressément.

Au XV⁰ siècle, de nombreux traités conclus par les rois d'Angleterre en 1406, 1417, 1418 et 1495 avec les ducs de Bourgogne ; Jean sans Peur et ses successeurs, en 1460 avec Gênes et en 1496 avec François duc de Bretagne, présentent ce caractère particulier que l'exercice du droit de visite se trouve réduit à une simple information verbale placée sous la foi du serment (1).

C'est là d'ailleurs un des grands arguments invoqués par Hautefeuille pour établir que le droit de visite

_____

(1) Calvo, t. V, p. 206.

n'existait pas alors, étant remplacé par cette seule interrogation. Il semble, bien au contraire, que ces traités devaient plutôt être la conséquence d'abus dans
l'exercice de la visite. A cette époque, où les mers
étaient ravagées par des pirates, les vaisseaux marchands aimaient moins encore que de nos jours laisser
s'approcher d'eux et monter à leur bord des étrangers
armés qui, sous prétexte d'une visite légale, pouvaient
fort bien être des malfaiteurs et s'emparer du navire.
C'est donc vraisemblablement pour éviter ces dangers
que les traités précités réglèrent un autre mode de procéder.

Il est d'ailleurs un principe d'une vérité indiscutable,
c'est que tout monument du droit positif résulte de la
nécessité de circonscrire le domaine de l'arbitraire dans
l'exercice du droit naturel, afin d'empêcher pour l'ave-
nir des abus déjà nés.

Une simple interrogation était donc, au moyen âge,
chose beaucoup plus sûre pour les neutres. Elle permettait en même temps de respecter le territoire neutre
représenté par le pont même du navire étranger. Mais
elle supposait une grande bonne foi présidant aux relations des peuples. Aujourd'hui, et depuis longtemps
déjà, quel est l'État qui accepterait cette façon de procéder à l'égard des vaisseaux marchands? Le respect du
serment a depuis longtemps disparu des relations internationales et le diplomate qui sait le plus cynique-
ment mentir passe aux yeux du monde émerveillé

comme le type le plus accompli du grand homme politique.

Au XVe siècle il n'en était pas tout à fait ainsi, et en 1460, dans le traité conclu par l'Angleterre avec Gênes, on lit positivement que le neutre devra déclarer au croiseur s'il porte des marchandises ennemies et que le croiseur *devra se contenter de cette déclaration.*

Le traité du 24 février 1495 entre l'Angleterre et Philippe archiduc d'Autriche, de Bourgogne... reproduit la même clause, ajoutant qu'en cas de mensonge reconnu plus tard, le patron du navire neutre serait condamné à payer la valeur des marchandises ennemies arrachées au croiseur par cette fraude.

De ce qui précède, et particulièrement de ces traités du XVe siècle, on peut conclure que l'exercice du droit de visite proprement dit rencontra dès l'origine une grande résistance dans le domaine du droit international. Outre les causes que je viens de signaler, les prétentions de l'Angleterre à la souveraineté des mers ont inspiré de tout temps, aux autres puissances maritimes, des appréhensions légitimes, et celles-ci se sont toujours montrées fort peu disposées à reconnaître des droits dont celle-là pouvait si facilement abuser.

Ainsi, après la paix de Vervins, nous rapporte Grotius, la reine Elisabeth, continuant la guerre avec l'Espagne, pria le roi de France de permettre qu'elle fît visiter les vaisseaux français qui allaient en Espagne, pour savoir s'ils n'y portaient point de munitions de guerre cachées ; mais on le refusa, par la raison que ce serait une occasion de favoriser le pillage et de troubler le commerce.

Et cependant, dès cette époque, la législation intérieure de la France était conforme à cette demande de l'Angleterre. Une ordonnance royale de mars 1584, rapportée par Pardessus (t. II, p. 245), autorisait en effet expressément les vaisseaux de guerre et les corsaires français à courir sus aux navires marchands étrangers qu'ils apercevraient. « Ils pourront les semondre d'amener leurs voiles, et refusant de ce faire après semonce, leur tirer artillerie jusques à les contraindre par force. en quoy faisant venant au combat par la témérité ou oppiniàtreté de ceux qui seront dans lesdits navires. et là-dessus estans prises, nous voulons et entendons la dicte prise estre dicte et déclarée boune ».

La règle moderne que le pavillon neutre couvre la marchandise ennemie n'était pas alors reconnue, même par les publicistes. Parfois, certaines puissances l'admettaient à titre exceptionnel dans des traités conclus entre elles, mais les lois de la guerre en vigueur à cette époque autorisaient les croiseurs belligérants, dans la visite des navires neutres, non seulement à s'assurer de la sincérité du pavillon et de la nature de la cargaison, mais à rechercher par tous moyens plus ou moins vexatoires la nationalité du propriétaire de ces marchandises et parfois même leur pays d'origine.

L'histoire du droit de visite se trouvant donc intimement liée à celle de la liberté du commerce maritime,
nous pourrons un peu les confondre sans sortir du
cadre de cette étude.

C'est à la Turquie que revient l'honneur d'avoir
écrit la première la règle : « Le pavillon couvre la marchandise », dans un monument du droit international.
En 1604, dans un acte plein de sagesse et de modération, improprement appelé traité, car les parties n'y
règlent pas juridiquement leurs relations, le sultan
Achmet 1er concéda cette faveur au roi Henri IV, déclarant à l'article 12 : « Voulons et commandons que les
marchandises qui seront chargées à nolis sur navires
français, appartenant aux ennemis de notre Porte, ne
puissent être prises sous couleurs qu'elles soient de nos
ennemis, puisqu'ainsi est notre vouloir ».

Le même avantage fut concédé à la Hollande en 1612.

Dès lors, les Pays-Bas et la France, dit Gessner, tra-
vaillèrent à introduire ce principe et à en faire une loi
générale du droit international.

Il fut reconnu dans un traité conclu le 10 mai 1615
entre la France et la Ligue hanséatique stipulant que
les navires de cette grande association seraient libres
dans tous les cas et que *les croiseurs français
ne pourraient y rechercher la marchandise ennemie.*

L'Angleterre elle-même accorda exceptionnellement

la même faveur à certains peuples neutres, au XVIIᵉ
siècle. Cromwel la concéda aux Portugais en 1654 (1),
Charles II aux Hollandais par les traités de 1668 (2) et
1674. Mais ces exceptions aux règles traditionnelles de
la Grande-Bretagne restèrent, même entre les parties
contractantes, plutôt théoriques que pratiques. Les
Anglais ne se firent pas faute de les violer et ce principal aliment du droit de visite ne fut pas tari pendant
les siècles suivants, ainsi que le prescrivit Louis XIV
dans son ordonnance de 1681.

Le premier acte solennel qui entreprit de fixer le
mode d'exécution du droit de visite est le traité du
29 mars 1632 entre la France et l'Angleterre. Depuis
cette époque, ajoute Hautefeuille, tous les traités conclus entre les puissances maritimes sans exception contiennent une réglementation plus ou moins claire, plus
ou moins précise de la visite à exercer en pleine mer,
et tous sont d'accord sur les points principaux de temps,
de lieux, de formes.

---

(1) Traité du 10 juillet 1564. L'art. 23 consacre l'important principe de la garantie de la marchandise par le pavillon.
(Arch. Aff. Étrang., nᵒ 2026, p. 274).

(2) L'art. 1ᵉʳ établit la liberté du commerce avec l'ennemi, sauf
la contrebande... La manière de visiter les bâtiments marchands pour
s'assurer qu'ils ne transportent pas de contrebande est réglé par
l'art. 8, et enfin l'art. 10 établit que le sort des marchandises est décidé par la qualité de neutre ou d'ennemi du bâtiment...
(Ibid.)

La déclaration du 1er février 1650 décide qu'aucun capitaine de vaisseaux de guerre ou de corsaires ne pourra arrêter les navires neutres après qu'ils auront amené leurs voiles sur la demande qui leur en aura été faite et montré leur charte partie et police de chargement des marchandises chargées pour le compte des neutres. La même déclaration défend à ces capitaines et équipages de rien prendre sur ces navires, sous quelque prétexte que ce soit, sous peine de mort.

C'est aussi vers cette époque que prit naissance la célèbre question de la visite des navires marchands neutres réunis en convois sous l'escorte d'un navire de guerre également neutre.

Dès 1653, la reine Christine de Suède rendit une ordonnance à ce sujet; et, dans les négociations qui suivirent la conclusion de la paix et les États Généraux ceux-ci tentèrent en vain d'amener Cromwel à prendre sur ce point quelque engagement positif. Il s'y refusa énergiquement.

La question, souvent discutée, jamais résolue, resta donc pendante et comme à la merci des faits jusqu'à la fin du XVIIIe siècle, où nous la verrons jouer un rôle important dans les luttes de principes engagées alors par les puissances neutres du nord de l'Europe.

C'est seulement le 7 novembre 1659, dans le traité des Pyrénées conclu entre la France et l'Espagne que fut, pour la première fois, *réglementé en détail* l'exercice du droit de visite. Son article 17 contient sur ce point des dispositions très précises qui servirent de base en Europe à la jurisprudence maritime jusqu'au traité d'Utrecht.

Mais la fréquence des guerres navales et la rivalité des diverses puissances maritimes qui se disputaient alors la suprématie de la mer rendirent bientôt indispensable l'adoption de conventions spéciales destinées à préciser les conditions requises de la nationalité du navire et de la nature du chargement.

C'est ainsi que dans les traités du 1er décembre 1674 et du 22 août 1688, l'Angleterre et la Hollande convinrent de certaines formalités pour la rédaction des titres de neutralité et adoptèrent une nomenclature des marchandises prohibées, mais ces conventions restèrent souvent à l'état de lettre-morte, et peu respectées même par les parties contractantes.

La guerre de la succession d'Espagne fit naître une autre question relative au droit de visite. Le gouvernement français avait autorisé les paquebots anglais à continuer, durant les hostilités, le service de la poste entre Douvres et Calais, « pourvu, dit le marquis de « Torcy aux directeurs des paquebots d'Angleterre, « qu'ils apportent simplement des lettres et ne soient « chargés ni de marchandises ni de passagers ». Mais quelques-uns de ces bâtiments refusèrent de se laisser visiter et même de donner une déclaration de leur chargement. Après quelques pourparlers, on reconnut que ces navires devaient être assimilés aux vaisseaux de

guerre, mais seulement dans le cas où ils ne porteraient
aucune marchandise (1).

Le traité d'Utrecht de 1713 reproduit, pour l'exercice
du droit de visite, les dispositions mêmes du traité des
Pyrénées, et les mêmes règles furent adoptées dans la
plupart des traités conclus entre les différentes puissances européennes dans tout le cours du XVIIIe
siècle.

L'art. 22 de la Convention de commerce et de navigation signée le 23 août 1742 entre la France et le Danemark contient même sur ce point des développements plus précis encore : « Les navires de guerre (2)
n'approcheront pas de plus près les navires marchands
que de la portée du canon, mais enverront dans leur
chaloupe, à bord des navires marchands, deux ou trois
hommes seulement, à qui le patron ou maître du navire marchand montrera les passeports, de la manière
et en la forme ordinaires, par lesquels il puisse appa-
roir en termes exprès, non-seulement de sa charge,
mais aussi du lieu de sa demeure et résidence, et du
nom tant du maître ou patron que du navire même,
afin que, par ce moyen, on puisse connaître s'il se
transporte quelque marchandise de contrebande ; on
donnera aussi toute foi aux mêmes passeports : et, pour
en assurer la validité et les empêcher d'être contrefaits

---

(1) Aff. Étr. Archives, Mémoires et Documents, t. 8, p. 134 et 150.

(2) Calvo, t. V, p. 210.

ou falsifiés, on donnera pour cela de certaines marques
et contre-seings de chacun des deux roys ».

Pendant la guerre de Sept ans, l'Angleterre commit
à l'égard des neutres les plus odieux attentats. Un extrait du registre des résolutions de leurs Hautes Puissances les seigneurs Etats-généraux des Provinces
Unies, du vendredi 1er août 1756, rapporte une réclamation adressée par plusieurs députés hollandais à
l'ambassadeur d'Angleterre, M. York, au sujet des dé-
prédations exercées sur les bâtiments marchands hollandais par les navires de guerre anglais, sous prétexte
de les empêcher de violer la neutralité (1).

L'Angleterre prétendit alors que les navires hollandais s'étaient convertis *par adoption* en navires français. A ce titre, elle les visitait et s'emparait de la
cargaison et même du navire.

Toute la correspondance diplomatique de cette époque (2) démontre d'ailleurs que la France, dès 1748,
réglait sa façon d'agir, dans l'exercice du droit de visite,
sur celle de l'Angleterre.

Le traité de 1766, entre la Russie et la Grande-Bretagne, laisse au belligérant le soin de déterminer le
mode d'exercice de la visite ; mais il n'autorise nullement les recherches, quoiqu'en dise Lampredi.

La guerre de l'Indépendance des Etats-Unis amena,

(1) Arch. Aff. Étrang. France, 2022, p. 16.

(2) Aff. Étrang. Archives n° 2021, p. 15 et 39.

de la part de l'Angleterre, une extension encore plus
démesurée et plus arbitraire du droit de visite. « Dési-
reuse (1) d'empêcher toutes relations avec ses colonies révoltées, cette puissance faisait arrêter les navires
marchands *en quelque mer qu'ils fussent* ; et ses commandants, après avoir tiré contre eux « *à boulet* », visi-
taient et pillaient leurs cargaisons malgré la régularité
des papiers. Nombre de vaisseaux français furent ainsi
capturés avant toute déclaration de guerre, quoique
n'ayant à bord aucune marchandise de contrebande de
guerre ».

« C'est, écrivait de Londres, le 10 janvier 1777, le
marquis de Noailles au comte de Vergennes, une jurisprudence qui doit effectivement paraître nouvelle que
celle de tirer des coups de canon à boulet pour première sommation, sans parler de ce qu'il y a d'irrégu-
lier à visiter un bâtiment étranger en pleine mer après
avoir reconnu que ses papiers étaient en règle (2). »

Les mêmes procédés étaient d'ailleurs employés vis-
à-vis des autres puissances. Le 12 janvier 1776, le
comte de Guines écrit à M. de Vergennes : « Deux
vaisseaux danois viennent d'être arrêtés dans la Manche, sous prétexte qu'ils portaient des munitions aux
Américains. On les a conduits à Dover ; ils ont été visités, insultés, on ne leur a rien trouvé. Le Danemarck

(1) Fauchille, Ligue des neutres, p. 4.
(2) Arch. Aff. Étrang. Angleterre, Corresp. politique, t. 521, p. 35.

demande que les capitaines anglais soient punis : il ne peut l'obtenir parce que lord Suffolk a déclaré ministériellement que l'on n'avait agi que par son ordre (1). »

L'abbé Desnoyers, envoyé de France à La Haye, écrit au ministre, le 2 juillet 1776, que les bâtiments hollandais étaient visités partout, par ordre du ministère anglais, jusqu'à être pillés dans les objets qui ne sauraient être de contrebande (2).

Ces vexations étaient donc des mesures officielles, émanant du gouvernement même de la Grande-Bretagne et non point des faits isolés imputables seulement à la brutalité de certains officiers.

Pour se défendre contre ces procédés, les négociants d'Amsterdam supplièrent les États-Généraux de donner des escortes à leurs navires marchands, exposant que les croiseurs anglais, non contents de l'exhibition des connaissements et autres papiers de mer, s'arrogeaient la liberté intolérable de visiter leurs navires et de s'approprier avec violence ce qu'ils y trouvaient à leur convenance, ou de le prendre à un prix qu'ils fixaient à leur volonté (3). Le 3 novembre 1777, les États firent droit à cette demande, au grand mécontentement du général York, ambassadeur d'Angleterre.

C'est sur ces entrefaites, que le 6 février 1778, la

---

(1) Arch. Aff. Étrang. Angleterre. Corresp. politique, t. 514, p. 55.
(2) Arch. Aff. Étrang. Hollande. Corresp. politique, t. 529, p. 1 et 34.
(3) Arch. Aff. Étrang. Hollande. Corresp. politique, t. 531, p. 69.

France signa avec les États-Unis d'Amérique un traité d'amitié (1). Cet acte, entre autres choses, régla l'exercice de la visite, « la bornant à l'examen des papiers de bord » (art. 27). Il proclamait, en outre, la liberté des marchandises ennemies sous pavillon ami (art. 23), et limitait la contrebande aux seules armes et munitions de guerre : le transport des provisions navales était expressément autorisé (art. 24) (2).

L'Angleterre considéra ce traité comme une déclaration de guerre, et afin d'entraîner les neutres à sa suite dans la guerre contre la France et l'Amérique, elle donna de nouveau à ses navires de guerre les ordres les plus vexatoires pour l'exercice de la visite.

Les États neutres rendirent alors des ordonnances pour tracer les droits des belligérants à l'égard de leurs navires (3). « Mais il n'en est qu'une, dit Hautefeuille, qui retrace les devoirs du belligérant et du neutre d'une manière nette et positive : c'est l'ordonnance suédoise de 1779. Le souverain neutre déclare qu'il consi-

_____

(1) De Martens, t. 1, p. 685.

(2) Arch. Aff. Étr., n° 2026, p. 278.

(3) Grand duc de Toscane, 1er août 1780.
   Hambourg, 10 septembre 1778.
   Deux-Siciles, 29 septembre 1778.
   Pape, 9 mars 1779.
   Gènes, 1er juillet 1779.
   Venise, 9 septembre 1779.
   Turquie, 12 février 1780.

dère les traités comme l'unique règle de conduite de ses sujets…. Or, les *recherches*, que les belligérants veulent absolument faire subir aux neutres sous le nom de *visite*, ne trouvent aucun appui dans les traités conclus depuis 1713 jusqu'à nos jours. Tous prescrivent implicitement ou explicitement, comme le traité d'Utrecht, de s'en tenir à l'inspection des papiers du bord. »

Le ministre français, M. de Vergennes, comprit alors la nécessité de proclamer d'une façon solennelle les droits des neutres, et, entre autre choses, les règles servant de bases à l'exercice du droit de visite. Dans ce but, il publia le règlement du 26 juillet 1778, rédigé en 15 articles, déterminant la façon d'agir de la France à l'égard des neutres, à la condition formelle, toutefois, de la réciprocité de la part de l'Angleterre.

Il espérait ainsi amener les neutres à exercer sur la Grande-Bretagne une pression favorable aux intérêts du commerce maritime. Mais cette espérance fut déçue : on reconnut l'excellence des intentions du gouvernement français, mais on jugea inutile toute tentative pour les faire adopter par le cabinet de Londres.

L'exercice de la visite resta donc, pendant cette période troublée, soumis au plus révoltant arbitraire officiel.

L'intervention de l'Espagne dans la guerre d'Amérique, en juin 1779, ne fut pas faite pour modérer ces procédés vexatoires. Le premier ministre espagnol, le comte de Floride-Blanche, donna à sa flotte, pour la visite, les ordres les plus rigoureux, aussi violents pour le moins que ceux donnés par le gouvernement britannique.

« Les vaisseaux français eux-mêmes, écrivait alors M. de Sartine à notre ambassadeur à Madrid, M. de Montmorin, ne sont pas à l'abri des vexations des Espagnols (1). »

Et au commencement de l'année 1780, M. de Floride-Blanche annonçait à l'ambassadeur de Hollande qu'escortés ou non, les vaisseaux marchands hollandais seraient visités par les bâtiments de guerre espagnols. « Pour en revenir aux pavillons neutres, écrit le 22 jan-
« vier 1780, M. de Montmorin à M. de Vergennes, M. de
« Floride-Blanche m'a dit qu'on prendrait à leur égard
« le parti suivant. On arrêtera au détroit, comme on a
« fait jusqu'à présent, tous les bâtiments qui seront
« chargés de comestibles, et on vendra leur cargaison
« à Cadix. On arrêtera également ceux chargés de
« marchandises anglaises : si les capitaines conviennent
« de bonne foi de ce dont ils seront chargés, on confis-
« quera les marchandises, mais on rendra le vaisseau
« et on paiera le frêt. On arrêtera également et on con-
« fisquera tous les bâtiments dont les papiers ne seront
« pas en règle ou que les doubles connaissements ren-
« dront suspects (2). »

(1) Arch. Aff. Étrang. Espagne. Corr. politique, t. 598, p. 229.

(2) Arch. Aff. Étr. Espagne, t. 597, p. 170.

« Il y aurait, à mon avis, répondit M. de Sartines à
« M. de Montmorin, un moyen bien simple pour conci-
« lier les précautions qu'exige le blocus de Gibraltar
« avec l'intérêt des pavillons neutres : ce serait de
« faire convoyer ceux-ci en dehors du détroit, en leur
« annonçant que s'ils revenaient sur leurs pas, ils se
« mettraient dans le cas d'être arrêtés et que la confis-
« cation aurait lieu (1) ».

Ces mesures violentes de la marine espagnole, exercées à diverses reprises sur des bâtiments russes, amenèrent, de la part du gouvernement de l'impératrice
Catherine, des protestations énergiques qui furent bientôt suivies de la fameuse déclaration de neutralité armée
du 9 mars 1780.

M. de Vergennes écrivait à ce sujet, le 24 mars suivant, à notre ambassadeur à Madrid (2) : « Les rigueurs
« de l'Espagne vis-à-vis des neutres nous ont fait
« perdre beaucoup de la popularité que nos bons pro-
« cédés pour le pavillon neutre avaient concédé à
« notre cause..... Pour calmer les démonstrations de
« la Russie, il conviendrait de publier un règlement
« qui puisse tranquilliser les puissances neutres et les
« rassurer contre la crainte où elles sont que l'Espagne
« aime mieux se conduire d'après les principes anglais
« que d'après les nôtres... »

(1) Arch. Aff. Étr. Espagne, t. 588, p. 230.
(2) Arch. Aff. Étr. Espagne, t. 598, p. 277.

Et le 6 avril, dans une lettre à M. de Rayneval, M. de
Montmorin s'exprimait ainsi : « Monsieur, je vous ai
« renvoyé, il y a quelque temps, le projet de règlement
« sur la navigation des neutres, et je vous ai adressé
« en dernier lieu ce règlement même : vous avez été à
« portée de juger s'il est de nature à remplir l'objet
« qu'on s'est proposé en le publiant, celui de faire ces-
« ser leur plainte et leur mécontentement. J'ajouterai
« seulement, Monsieur, que M. le comte de Floride-
« Blanche m'a promis qu'on aurait, en le mettant à
« exécution, les plus grands égards pour les pavillons
« russe, hollandais et suédois..... J'ai lieu d'espérer,
« Monsieur, que désormais les plaintes seront moins
« multipliées, si toutefois on suit avec exactitude les
« ordres que M. de Floride-Blanche a fait donner sur
« cet objet... (1) »

Le 16 mai suivant, dans une circulaire aux commandants des forces navales françaises, le ministre de
la marine, M. de Sartines, recommandait les plus
grands égards vis-à-vis des neutres, et surtout des
Russes, et de ne procéder aux recherches que dans les
cas où il y aurait des soupçons graves (2).

Dès lors se trouvaient proclamés d'une façon solennelle, à la face de l'Europe, et reconnus formellement
par toutes les puissances, à l'exception de l'Angleterre,

(1) Arch. Aff. Étrang. Espagne, t. 528, p. 378.

(2) Arch. Aff. Étrang., n° 2022, p. 209.

les principes mêmes que M. de Vergennes avait définis dans le règlement du 26 juillet 1778 et qui furent reproduits à la suite de cette déclaration dans le traité de Versailles le 3 septembre 1783 (1).

Le droit de visite lui-même ne fut pas exposé, il est vrai, dans ces divers actes, avec tous les développements qu'il comporte, pas plus qu'il ne l'était dans le « Consulat de la Mer ». Mais en affirmant la libre navigation du pavillon neutre, et même la liberté des marchandises ennemies qu'il abritait, en restreignant aux plus équitables limites la notion de la contrebande de guerre, en repoussant la théorie anglaise du blocus sur papier, les puissances contractantes limitèrent implicitement la visite, en réduisant à des cas exceptionnels l'exercice du droit de recherches.

Le manifeste du 9 mars 1780 ne produisit pas cependant, principalement par suite de la résistance opiniâtre de l'Angleterre, tout le résultat qu'on pouvait en espérer; mais, comme on l'a dit fort justement, « c'est en 1780 que fut planté le drapeau que 16 ans « plus tard le Congrès de Paris faisait reconnaître défi- « nitivement ».

Toutefois, dès l'année suivante, le 26 janvier 1781, les États-Généraux des Pays-Bas, entraînés par l'Angleterre dans la guerre contre l'Amérique, rendirent une ordonnance prescrivant aux croiseurs de s'en rapporter

(1) De Martens, t. 2, p. 462.

aux papiers de bord des navires neutres. Ils firent en outre remettre à chaque commandant de croiseur un extrait des traités existant avec les peuples neutres afin que ces délégataires du droit souverain de guerre pussent connaître exactement les engagements pris avec les autres nations.

L'ordonnance russe de 1787 fut plus rigoureuse : elle autorisa les croiseurs à étendre la visite jusqu'où ils la croiraient utile, et même à saisir un neutre sur de simples soupçons.

L'Angleterre seule gardait sur ces questions un silence prudent, préférant l'arbitraire à toute réglementation. La guerre contre la France révolutionnaire l'amena cependant à composition avec la Russie, et dans un traité du 21 février 1797 avec cette dernière puissance, il fut décidé à l'art. 10 : « ... Quant à la « visite des vaisseaux marchands, les vaisseaux de « guerre et les corsaires devront se conduire avec « autant de modération que les circonstances de la « guerre permettront d'en user envers les puissances « amies qui sont restées neutres, et en observant le « plus qu'il sera possible les principes généralement « reconnus et les préceptes du droit des gens (1) ». C'était là un faible pas dans la voie de la modération, pas bien vague d'ailleurs, et laissant au Gouvernement britannique la plus grande latitude d'appréciation.

(1) Arch. Aff. Étrang., n° 2024, p. 431.

Quelques mois auparavant, le 2 juillet 1796, un arrêté du Directoire du 14 messidor an IV avait décidé que la France en userait envers les bâtiments neutres, « soit pour la confiscation, soit pour la visite « ou préhension, de la même manière que les puis- « sances neutres souffrent que les Anglais en usent à leur égard... (1) »

Dès lors, l'Angleterre commença à rompre le silence, et, dans un discours reproduit dans le *Moniteur* du 26 thermidor an V (16 août 1797), le juge de l'ami- rauté de Londres, sir W. Scott (lord Stowell) s'expri- mait ainsi qu'il suit: « Les croiseurs patentés, dit-il, « ont le droit de visiter les navires marchands en pleine « mer, quels que soient ces bâtiments, leurs cargaisons, « et leur destination. Ce principe est déduit du droit « de la guerre maritime qui permet de faire des prises « sur mer. Avant d'en faire il faut avoir la liberté de « s'assurer qui l'on peut prendre, autrement la prise « deviendrait impossible, et, avant la visite des navires, « on ne sait ni qui ils sont, ni quelle est la nature de « leur cargaison, ni dans quel port ils se rendent: c'est « pour s'en assurer que le droit de visite existe. Ce « droit est fondé aussi en pratique, son usage est « constant, général, uniforme. Il doit d'ailleurs être « exercé avec le moins de rigueur et de vexations pos-

(1) Arch. Aff. Étrang., no 2024, p.

« sible : c'est bien un droit de la force. mais d'une force
« légale... (1) ».

Malheureusement la pratique anglaise, dans les
années qui suivirent, fut loin d'être conforme à ces
principes. et il en résulta des représailles de la part du
gouvernement français.

Une loi du 29 nivôse an VI (13 janvier 1798) disposa
à l'art. 1ᵉʳ que : « l'état des navires, en ce qui con-
« cerne leur qualité de neutre ou d'ennemi sera déter-
« miné par leur cargaison ; en conséquence, tout bâti-
« ment trouvé en mer chargé en tout ou en partie de
« marchandises provenant de l'Angleterre ou de ses
« possessions, sera déclaré de bonne prise, quel que
« soit le propriétaire de ces denrées ou marchan-
« dises. »

Ces questions furent agitées au Conseil des Cinq-
Cents vers la fin de l'année suivante. et, dans la séance
du 17 brumaire an VIII (8 novembre 1799), Cholet de
la Gironde fit le résumé historique de la législation
relative aux droits des neutres et des abus dans l'exercice du droit de visite. « Et cependant, disait-il, les
« traités de commerce et de navigation passés entre
« les nations de l'Europe règlent dans le plus grand
« détail de quelle manière, lorsque l'une des puis-
« sances contractantes sera engagée dans une guerre,
« les vaisseaux armés pourront en agir à l'égard des

_____

(1) Arch. Aff. Etr., nᵒ 2024, p. 364.

« navires marchands de celle qui sera restée neutre.
« On a clairement désigné jusqu'où s'étendrait le droit
« de visite et la garantie du pavillon neutre en faveur
« de la marchandise ennemie... » Et dans la suite de
son discours, il établit que les belligérants doivent se
borner autant que possible à l'enquête du pavillon (1).

Quelques jours plus tard, un arrêté des consuls du
29 frimaire an VIII (20 décembre 1799) rapportait la
loi du 29 nivôse an VI et remettait en vigueur le règlement du 26 juillet 1778, et particulièrement les dispositions relatives à la navigation des neutres.

Mais une question qui soulevait alors les plus graves
conflits, était celle de la visite des bâtiments marchands neutres escortés par un navire de guerre de
leur nation. C'est la célèbre question des convois qui
forme à elle seule une importante partie de la matière
qui nous occupe. Nous l'examinerons plus loin en
détail. Qu'il nous suffise pour le moment d'indiquer
quelle fut la cause de la seconde déclaration de neutralité armée (1800). Les puissances du Nord proclamèrent
de nouveau les principes énoncés par Catherine II en
1780, relatifs à la liberté du commerce maritime des
neutres.

Heureusement pour l'Angleterre, la mort violente du
tzar Paul Ier (23 mars 1801) vint dissoudre cette ligue,
et, par son influence sur l'esprit du jeune empereur de

(1) Arch. Aff. Etr., no 2024, p.

Russie, cette puissance réussit à lui faire signer la convention du 17 juin 1801 autorisant la recherche de la propriété ennemie sous pavillon neutre et la visite des convois. Le gouvernement russe reniait ses principes (1).

La rupture de la paix d'Amiens en 1803 remit en jeu toutes ces questions.

Un arrêté du 2 prairial an XI (22 mai 1803) reproduisit les dispositions de l'ordonnance de 1681 (2) en ce qui concernait l'obligation des neutres de se soumettre à la visite. « Tout navire qui refusera d'amener ses « voiles après la semonce qui lui en aura été faite, dit « l'art. 57, pourra y être contraint, et, en cas de résis- « tance et de combat, sera de bonne prise. » Et l'art. 58 défend à tous capitaines de bâtiments armés en guerre « d'arrêter ceux des Français, amis ou alliés, « qui auront amené leurs voiles et représenté leur « charte partie ou police de chargement, et, sous les « peines corporelles prononcées par les lois, de pren- « dre ou de souffrir qu'il soit pris aucun effet à bord « desdits bâtiments. »

A l'occasion de la guerre survenue entre la France et l'Angleterre, l'empereur d'Autriche François II publia également, le 7 août 1803, un règlement de neutralité fort complet. Il déclarait à l'article 6 que, dans

(1) Arch. Aff. Et., no 2024, p. 380.

(2) Dalloz., *Rép.*, t. 36, p. 925.

l'espoir qu'en vertu de sa neutralité le commerce au-
trichien serait respecté par les puissances belligérantes
et que ces puissances ne s'arrogeraient pas d'autres
droits que ceux qui étaient reconnus par les nations et
les traités, il ordonnait aux navigateurs autrichiens de
ne pas s'opposer à la visite faite en pleine mer par des
vaisseaux de guerre étrangers, mais de produire sans
hésitation les papiers et documents qui constituaient la
neutralité du navire et de son chargement, de n'en dis-
traire aucun, soit en les jetant à la mer, soit d'une autre
manière quelle qu'elle fût, et encore moins d'avoir à
leur bord des papiers faux, doubles ou secrets.

À l'art. 8, il ajoutait : « Nos sujets devront prendre
« connaissance des publications relatives à cette ques-
« tion faites par les puissances belligérantes ».

Mais à l'art. 7, l'empereur déclarait qu'il adhérait
formellement à la Convention de Saint-Pétersbourg du
17 juin 1801. C'est ainsi qu'après avoir signé en 1780
que la *propriété ennemie était neutre sous pavillon
neutre*, la Cour de Vienne signait en 1803 que la *propriété ennemie n'était pas neutre sous pavillon neutre*,
comme si la nature des choses avait pu changer de
l'une des époques à l'autre (1).

« Le 25 juillet 1804, continue le même rapport, la

_____

(1) Rapport à l'empereur Napoléon du 30 Vendém. 1804 sur les
Conventions Maritimes et la navigation des neutres de 1780 à 1804.
(Arch. Aff. Étr., n° 2024, p. 433).

Grande-Bretagne imposa à la Suède une convention signée à Londres et ratifiée à Stockolm, consacrant un
droit en sa faveur plus exorbitant encore que tous ceux
qu'elle avait réclamés jusqu'ici. Déjà depuis plusieurs
années, les Anglais s'en étaient arrogés l'usage par le
fait, mais ils n'avaient pu jusque-là le faire insérer dans
aucun traité ni convention : c'est ce qu'ils appellent le
droit de préemption. Les croiseurs anglais peuvent rechercher dans le bâtiment neutre qu'ils visitent toutes
les marchandises prévues par la convention, et lorsqu'ils en découvrent, ils ont le droit de s'en emparer en
en payant un prix égal au prix courant d'Angleterre ou
de Suède, au choix du propriétaire, majoré de 10 0/0 ».

On comprend facilement, avec de tels principes con-
sacrés par des traités, les abus que devait faire naître
leur application dans l'exercice du droit de visite.

A la suite du blocus continental, pour répondre aux
provocations de l'Angleterre, et surtout pour amener
les neutres à faire respecter l'indépendance de leur pavillon, Napoléon rendit, le 17 décembre 1807, le décret
de Milan dont l'art. 1er décide (1) : « Tout bâtiment, de
« quelque nation qu'il soit, *qui aura souffert la visite*
« *d'un vaisseau anglais*... est par cela seul déclaré
« dénationalisé et a perdu la garantie de son pavillon
« et est devenu propriété anglaise. Ces mesures, con-
« tinue l'art. 4, cesseront d'avoir leur effet pour toutes

(1) Dalloz, *Rép.*, t. 36, p. 928.

« les nations qui sauront obliger le gouvernement an-
« glais à respecter leur pavillon ».

L'empereur espérait ainsi déterminer les neutres à
résister par la force aux mesures vexatoires des croiseurs anglais dans l'exercice du droit de visite.

L'état de la question, à la fin du premier empire, se
trouve exposé dans un mémoire officiel écrit sous la
Restauration et déposé aux archives du ministère des
affaires étrangères (1). L'auteur déclare d'abord que
« le droit de visite est une conséquence immédiate des
« principes que le navire ne couvre pas la cargaison
« et que la contrebande est confiscable même sur un
« navire neutre... Le 10 mars 1812, Napoléon fit pu-
« blier par Hugues Maret un rapport sur les **droits** ma-
« ritimes. Ce rapport prétend que le traité d'Utrecht
« de 1713 ayant été reconnu généralement en Europe,
« les dispositions de ce traité pouvaient être seules
« considérées par la France comme conformes au droit
« des gens. Ce sont, selon Maret, les suivantes : 1) le
« navire couvre la cargaison, le navire confisque la car-
« gaison ; 2) la contrebande de guerre ne comprend
« qu'armes et munitions ; 3) une visite ne peut avoir
« lieu que hors la portée du canon et par deux hommes
« au plus ; 4) une place n'est bloquée... Les objections
« qu'on peut faire contre ce rapport, et qui se trouvent
« principalement dans une déclaration du gouvernement

_____

(1) N° 2026, p. 502 et 510.

« anglais du 21 avril 1812, sont que le traité d'Utrecht
« n'a jamais été reconnu comme droit maritime euro-
« péen; que, depuis 1803, tous les traités qui avaient
« confirmé le traité d'Utrecht ont été annulés, que la
« France même s'était souvent permise de s'écarter des
« principes invoqués par elle, enfin que plusieurs des
« dispositions qu'elle cite, par exemple celles par rap-
« port à la visite, ne se trouvent pas du tout dans le traité
« d'Utrecht.

« Les traités de paix qui ramenèrent l'ordre et la
« tranquillité dans l'univers trouvèrent les nombreuses
« controverses soulevées sur ces questions si difficiles
« à résoudre qu'ils les passèrent sous silence. Dans le
« traité d'Orœbræ du 18 juillet 1812, qui termina les
« difficultés entre l'Angleterre et les puissances du
« Nord, les relations avec la Russie furent rétablies
« comme elles avaient été avant la guerre, et celles
« avec la Suède le 1er janvier 1791.

« Mais le traité qui aurait dû réglementer les points
« les plus importants des droits des neutres, celui de
« Gand, du 24 décembre, entre l'Angleterre et l'Amé-
« rique, ne contient aucune disposition sur les objets
« qui avaient été la cause de la guerre, et sur lesquels
« il avait été si difficile de s'accorder (particulière-
« ment la visite des neutres avec ou sans escorte). Aussi
« il faut considérer toutes ces questions non comme
« décidées, mais bien au contraire comme devant se
« renouveler nécessairement et acquérir un nouvel

« intérêt à la première guerre maritime de quelque
« importance qui éclatera en Europe ».

Toutefois les principes émis par la Déclaration du
9 mars 1780 planèrent encore pendant la première
partie de notre siècle sur le droit international maritime. Dans les instructions données aux croiseurs français lors du blocus des ports de la République argen-
tine, en 1838, le comte Molé les rappelle expressément : « La France, dit-il, a admis les principes consa-
crés par le traité entre les puissances du nord, qui lui
fut signifié le 15 août 1780. Elle les a toujours suivis
depuis lors ; ou, si elle s'en est quelquefois écartée
dans des circonstances exceptionnelles, ce n'a été que
par représailles des prétentions émises par la puissance
avec laquelle elle était alors en guerre, prétentions
qu'au reste elle n'a jamais reconnues ».

Ces principes sont : 1° Le pavillon couvre la marchandise (la contrebande de guerre exceptée) ;

2° La visite d'un bâtiment neutre par un bâtiment
de guerre doit se faire avec tous les égards possibles ;

3° Les munitions de guerre..... sont objets de contrebande de guerre ;

4°..... Dans aucun cas, il n'y a lieu à faire visiter des
bâtiments sous escorte d'un bâtiment de guerre de la
nation de ces mêmes batiments : la déclaration du capitaine escorteur suffit (1).

_____

(1) Calvo, t. V, p. 195.

Dans le cours de la même année, continue Calvo, le même ministre eut l'occasion d'exprimer son opinion sur un autre point non moins important relatif au droit de blocus. Il écrivit le 20 octobre 1838 à son collègue de la marine pour lui rappeler la nécessité d'une notification individuelle du blocus, faite par une mention sur le journal de bord du navire visité, la notification officielle par la voie diplomatique ne suffisant aucunement à la légitimité de la prise.

A l'époque de la guerre de Crimée, l'Angleterre fut amenée, par suite de son alliance avec la France, à modifier ses anciennes prétentions et à les conformer aux principes de notre pays. C'est ce que le duc de Newcastle déclara à la Chambre des Lords, en juin 1854, lorsqu'on l'interpella sur la portée des instructions données aux croiseurs alliés. La propriété neutre sous pavillon ennemi serait respectée, ainsi que la propriété ennemie sous pavillon neutre. Mais aux yeux du gouvernement anglais c'était là « abandonner une partie « des droits de belligérant qui lui appartenaient en « vertu du droit des gens ».

Les instructions données aux commandants des croiseurs alliés à la suite de ces déclarations réglementèrent certains points de l'exercice du droit de visite ; les principes qui venaient d'être posés l'avaient d'ailleurs restreint à d'équitables limites. Ils furent de nouveau solennellement proclamés dans la déclaration du Congrès de Paris, le 16 avril 1856, qui obtint l'adhésion de la plupart des puissances, et qui domine encore aujourd'hui toute cette matière.

Dès lors la visite dut se borner à l'examen des papiers de bord, aussi bien ceux relatifs à la nationalité que ceux relatifs à la cargaison. Ce n'est que dans le cas de *soupçons graves* de fraude, fondés soit sur l'irrégularité de ces pièces, soit sur tout autre motif sérieux, que l'officier visiteur eut le droit de procéder aux recherches ou perquisitions.

Les instructions ministérielles données aux commandants des forces navales françaises au début de la guerre de 1870 contiennent une réglementation très détaillée et très précise de l'exercice du droit de visite, réglementation basée tout entière sur les principes admis par la déclaration de 1856. C'est donc là le droit aujourd'hui reconnu par les nations civilisées, et il est à présumer que dans une guerre maritime l'Angleterre elle-même l'admettrait et renoncerait à ses anciens errements.

Nous venons de voir à travers les siècles les différentes phases par lesquelles a passé le droit de visite ; nous avons montré aux diverses époques les extensions démesurées que certaines puissances avaient cru pouvoir lui donner, et la réaction qui s'en est suivie ; nous avons établi enfin les principes solennels qui doivent dominer cette matière et que tous les peuples ont reconnu.

Il nous reste maintenant à pénétrer plus intimement dans le domaine des faits et à étudier les détails de la mise en pratique des règles ainsi posées, autrement dit la procédure même de la visite, tant dans les temps passés que de nos jours, avec les diverses circonstances de fait qui peuvent en modifier certains points.

TITRE III

PROCÉDURE DE LA VISITE.

Jusqu'au XVIIe siècle, nous ne pouvons guère formuler que des hypothèses sur le mode d'exercice légal du droit de visite. Nous n'avons aucun texte positif prescrivant les détails de la procédure en cette matière. La coutume y suppléait ; et il est probable que la façon de procéder était laissée à l'arbitraire le plus absolu des commandants des navires de guerre.

Nous avons vu cependant qu'un certain nombre de traités du XVe siècle s'occupent de cette question. Mais ils s'en occupent pour supprimer le fait même de la visite. J'ai dit, au titre II, les raisons de ces prohibitions. Quant à la façon de procéder, elle était fort simple :

Le croiseur belligérant cherchait à s'approcher du navire neutre. Si celui-ci prenait la fuite et s'échappait, le vaisseau de guerre n'avait aucun moyen de l'en empêcher, l'artillerie n'existant pas alors sur les navires. Arrivé à portée de la voix, le croiseur sommait le neutre de s'arrêter, puis il l'interrogeait sur son pavillon, sa destination et la nature de sa cargaison. Le neutre répondait sous la foi du serment et *devait être cru*.

Un tel système nous paraît étrange, et nous n'en comprenons pas l'utilité. Bien naïf aurait été, penserons-nous dans notre sagesse moderne, le navire marchand qui aurait ainsi confessé à l'ennemi le fait qui devait entraîner sa confiscation !

Mais il faut réfléchir que le commerce maritime était alors le monopole d'un petit nombre d'États. Les navigateurs se connaissaient entre eux. La plupart appartenaient à de grandes familles riches et puissantes. Enfin la foi religieuse était bien vivante dans les cœurs. Par suite une visite personnelle du belligérant sur le bâtiment neutre n'était pas indispensable : le respect du serment, la crainte du parjure et les châtiments religieux, plus encore que les peines pécuniaires prévues par les traités, suffisant aux yeux des peuples d'alors à assurer la sincérité des déclarations faites par le capitaine du navire marchand.

Mais avec l'affaiblissement des idées religieuses et l'extension du commerce maritime, disparurent ces garanties ; et, dans les siècles suivants, XVIe et XVIIe, on ne se contenta plus de cette procédure sommaire.

C'est l'époque où le droit de prise commença à prendre la plus grande extension. Les souverains, épuisés de soldats et de marins par des guerres continuelles, recrutaient souvent des mercenaires pour équiper leurs navires. Les navires même venant à manquer, ils créèrent les corsaires, dont la plupart, véritables pirates légaux, dont le principal but était de vivre de rapines, n'avaient que leur titre de commun avec ces grands hommes de mer dont la France s'honore encore justement aujourd'hui.

Pour stimuler le zèle de ces gens de guerre d'occasion, il fallut bien élargir le droit de prise : c'est ce que firent les rois de France par les Édits de 1538, 1543 et 1584 qui ordonnent que « si les navires de nos dicts subjects font, en temps de guerre, prise par mer d'aucuns navires appartenant à nos alliés, confédérés ou amis, esquels y ait biens, marchandises ou gens de nos ennemis, ou bien aussi de navires de nos dicts ennemis, esquels y ait personnes, marchandises ou autres biens de nos dicts subjects, alliez, confédérez ou amis, que le tout soit déclaré de bonne prise ». Et cela, afin de « donner du cœur et courage aux corsaires » et qu'ils eussent « meilleur désir d'équiper navire de guerre et d'*endommaiger les ennemis* ».

« Faire du mal aux ennemis », telle était alors la règle proclamée bien haut par les souverains et même par les moralistes. La guerre n'était pas alors un moyen coercitif destiné à amener la solution d'un litige international : le plus souvent elle avait pour cause l'ombrage porté à un peuple par une gloire rivale. Il fallait donc abaisser l'ennemi, et pour cela lui faire le plus de mal possible. Les neutres étaient bien quelque peu sacrifiés, mais qu'importait ! La neutralité n'était guère alors qu'un mot vide de sens, et les grandes guerres des nations ne pouvaient laisser les autres indifférentes.

On comprend donc bien que dans cette situation où les droits des neutres étaient si complètement méconnus, il fût bien inutile de réglementer le droit de visite, et surtout de le restreindre.

Dans la guerre de la succession d'Espagne, Louis XIV en vint jusqu'à admettre que la marchandise ne provenait plus de son propriétaire, mais du sol, de l'industrie du pays qui l'avait produite : de façon que cette marchandise, dans le moment où elle appartenait à un individu d'une nation amie, à bord d'un navire neutre, devenait de bonne prise parce qu'elle se trouvait être une production, naturelle ou industrielle, d'un pays ennemi (1).

L'application de tels principes nécessitait donc une visite des plus complètes du bâtiment et des plus minutieuses. Elle fut laissée à l'initiative des commandants, et, par suite, des plus abitraires, chacun l'appropriant aux circonstances et à son caractère particulier. Nous n'avons aucun texte sur ce point.

Le traité des Pyrénées est le premier monument du Droit international public maritime qui règle d'une façon expresse et détaillée la procédure du droit de visite.

_____

(1) Luchessi-Palli, p. 61.

Depuis lors, si certains détails ont été modifiés, tant par suite des restrictions apportées au droit de prise que par suite de la transformation du matériel naval, les principaux points de cette procédure sont demeurés tels qu'aux premiers jours, car ils tiennent à l'essence même de ce droit.

Nous allons donc en examiner aujourd'hui les différentes phases, en rappelant à propos de chacune d'elles les précédents historiques et les solutions diverses données aux questions litigieuses qu'elles ont pu soulever.

CHAPITRE PREMIER

ARRESTATION DU NAVIRE.

Avant la visite proprement dite, il faut, naturellement, pouvoir communiquer avec le navire qui doit y être soumis.

A cet effet, le croiseur belligérant doit d'abord manœuvrer de façon à se rapprocher de la ligne du bâtiment suspect.

L'adoption de la vapeur et les grandes vitesses de nos navires de guerre rendent aujourd'hui cette opération singulièrement plus facile qu'aux siècles derniers.

Arrivé à une distance raisonnable, le croiseur hisse ses couleurs, pavillon national à la corne ou à l'arrière, et flamme de guerre au grand mât. Au cas où il porterait à son bord un officier général, la flamme est remplacée par le pavillon de cet officier.

Le capitaine commandant annonce ainsi au bâtiment marchand, par le pavillon, sa nationalité, et, par la flamme flottant au grand mât, son caractère de navire de guerre. Celle-ci, d'ailleurs, pourrait même paraître superflue, principalement de nos jours, le plus simple examen permettant aisément à des gens de mer de distinguer à première vue, par la construction et mille détails d'une énumération inutile, un vaisseau de guerre d'un vaisseau marchand.

La nuit, le croiseur doit hisser un fanal au-dessus du pavillon de poupe : Aujourd'hui, d'ailleurs, les fanaux électriques en service sur la plupart de nos vaisseaux de guerre pourront être, sur ce point, d'un bien meilleur usage.

Pour garantir la sincérité du pavillon ainsi déployé, le croiseur doit l'appuyer d'un coup de canon sans boulet, ou même à boulet perdu, appelé coup d'assurance (1) (affirming gun). C'est là une forme simple, mais imposante, adoptée par toutes les nations maritimes comme traduisant la parole d'honneur de l'officier com-

(1) Art. 3 des Instructions ministérielles de 1870 et Règlement international de 1887.

mandant, que la nationalité du pavillon est bien celle du navire.

« Le bruit du canon, dit le commandant portugais Carlos Testa, est comme la voix solennelle qui parle au nom de la souveraineté dont il a le devoir de soutenir l'honneur et les droits. Or, la parole d'honneur d'un officier est admise par les nations comme une preuve, parce qu'elle émane directement d'un fonctionnaire à qui son caractère public donne une autorité aussi digne et plus digne de crédit même que ne peuvent être les papiers de bord des navires marchands. Si ces papiers sont un document écrit, la parole du commandant est un document vivant émanant d'un délégué de la souveraineté. »

Ce coup de canon d'assurance est également appelé « coup de semonce », car il enjoint au navire suspect de s'arrêter et de faire connaître sa nationalité en hissant ses couleurs. C'est un coup d'intimidation. « C'est, en temps de guerre maritime, dit Cauchy, le « *qui vive* » d'une sentinelle avancée. »

Ce coup de canon ne peut être tiré que sous pavillon national. L'article 3 des instructions ministérielles de 1870 l'exige, ainsi que le projet de règlement international de 1887, et les anciennes ordonnances françaises contenaient déjà sur ce point des ordres très précis. L'article 4 de la déclaration du 1er février 1650, l'édit du 17 août 1662 (1), l'ordonnance du 23 février 1674

(1) D. Pér., t. 36, p. 950.

défendent même aux bâtiments armés en course *d'avoir à bord plusieurs pavillons,* sous peine d'être poursuivis comme voleurs publics ou forbans.

L'ordonnance du 17 mars 1696 dispose de même : « Sa Majesté a ordonné et ordonne que tous les capitaines commandants ses vaisseaux ou corsaires seront tenus d'arborer le pavillon français avant de tirer le coup d'assurance ou de semonce. Défenses très expresses leur sont faites de tirer sous pavillon étranger, à peine d'être privés, eux et leurs armateurs, de tout le provenu de la prise... et si celle-ci est jugée neutre, les capitaines et armateurs seront condamnés.... »

Mais les ennemis de la France et surtout les Anglais s'étant constamment écartés de cette règle, nos vaisseaux ont parfois imité leur exemple à titre de représailles : et l'ordonnance du 18 juin 1704 décida : « Les équipages des vaisseaux corsaires qui auront fait quelques prises, après avoir tiré le coup d'assurance et de semonce sous autre pavillon que celui de France, ne seront pas privés de leur part de prise ». Il en résulterait que les parts revenant au capitaine et aux armateurs étaient seules confisquées.

La loi du 2 prairial an XI (22 mai 1803) décide pareillement et sous les mêmes peines que le capitaine d'un vaisseau corsaire devra hisser les couleurs nationales avant de tirer sur le bâtiment chassé, et à l'art. 34 il est dit que « tout capitaine convaincu d'avoir fait la course sous plusieurs pavillons sera, ainsi que ses fauteurs et complices, poursuivi et jugé comme pirate ».

Cette règle d'ailleurs de ne tirer le coup d'assurance que sous pavillon national constitue une règle d'honneur, et, à ce titre, elle doit être observée par les belligérants alors même que l'un d'eux n'y conformerait pas sa conduite.

Le bâtiment marchand arrêté par un croiseur est donc tenu de croire à la sincérité du pavillon hissé et appuyé par ce dernier de la manière précédemment indiquée. S'il n'obéit pas et ne s'arrête pas, un second coup à boulet tiré sur l'avant à lui sert de confirmation au premier et lui signifie l'obligation de se soumettre à la visite.

« Toutefois, dit Azuni, t. II, p. 231, comme, après tout, il serait possible que l'assurance du pavillon fût une feinte et qu'elle fût imitée par un voleur de mer ou par un pirate, le droit conventionnel de l'Europe a adopté en principe qu'après le coup de canon tiré, le navire ne doit pas courir sur le bâtiment neutre, mais qu'il doit rester en panne à distance d'une portée ou demi-portée de canon et mettre en mer sa chaloupe avec un officier qui doit se rendre au vaisseau neutre pour en faire la visite ».

Une question qui a soulevé bien des discussions entre les divers auteurs qui se sont occupés de cette partie du droit public maritime est celle de la distance du bâtiment neutre à laquelle doit se tenir le croiseur durant la visite.

Le traité des Pyrénées (art. 17) fixe cette distance à une portée de canon, de même que le traité d'Utrecht (art. 24). La même clause se trouve reproduite dans tous les traités du XVIIIe siècle et notamment dans la convention franco-danoise de commerce et de navigation du 23 août 1742.

L'article 31 du traité du 11 décembre 1786 entre la France et la Russie porte : « Il n'est pas moins strictement ordonné aux dits vaisseaux de guerre et armateurs de ne jamais approcher des dits navires marchands qu'à la distance au plus d'une demi-portée de canon... » Dans un traité conclu quelques jours seulement après celui que je viens de citer, et avec les Deux-Siciles, le 17 janvier 1787 (art. 20), la Russie revient à la règle générale et fixe la distance : « hors la portée du canon ».

L'Angleterre a toujours été fort peu disposée à se lier sur ce point, comme sur les autres d'ailleurs relatifs à ces questions, par un traité formel qui ne lui eût plus permis ses procédés vexatoires. Cependant dans son traité du 17 juin 1801 avec la Russie, traité qui fut reconnu successivement par les diverses puissances du Nord, et même par l'Autriche en 1803, elle consentit à ce que la distance légale pour l'exercice du droit de visite fût fixée *au-delà d'une portée de canon*. Elle eut d'ailleurs bien soin de faire ajouter : « à moins que l'état de la mer et le lieu de la rencontre ne nécessitent un plus grand rapprochement ». Comme le fait justement remarquer Hautefeuille, elle adoptait la règle avec un mot pour l'anéantir. Car, qui devait apprécier les circonstances de temps et de lieu susceptibles de dispenser de l'application de la règle? Ce ne pouvait pas être le neutre, désarmé, mais bien le croiseur, juge et partie. Le traité consacrait donc le système arbitraire de l'Angleterre, qui, depuis cette époque, a soigneusement évité de signer aucun engagement sur cette matière.

Un traité du 16 mai 1832 entre les Etats-Unis et le Chili porte à l'article 18 « que le bâtiment de guerre se tiendra à la plus grande distance compatible avec le but de la visite, les circonstances de la mer et du vent, et le degré de suspicion portant sur le bateau visité (1) ».

C'est là le système qui fut adopté dans la plupart des traités conclus entre les États américains dans la première partie du siècle.

Les instructions françaises du 31 mars 1854 prescrivent à l'article 12 : « Vous vous tiendrez, *autant que possible, hors de la portée du canon* ».

Un traité entre l'Allemagne et le Mexique du 28 décembre 1869, prescrit également de se tenir *hors de la portée du canon*.

Les instructions ministérielles françaises de 1870 disposent, à l'article 4 : « Si le navire semoncé s'arrête.

(1) Martens, t. 11, p. 438.

vous vous arrêterez aussi, en vous tenant, autant que
les circonstances de la mer le permettront, hors de
la portée du canon...... »

Le projet de règlement international de 1887 ne
parle pas de cette question. Elle est certainement délicate.

Appréciant la diversité des règles émises tant par les
traités que par les auteurs, le commandant Ortolan
déclare qu'« à coup sûr, ces clauses n'ont pas été rédigées par des marins. Il est des circonstances, dit-il, dé-
pendant de l'état du vent et de la mer, où il serait tout
à fait impardonnable à un commandant d'aventurer un
canot et les hommes qui en font l'équipage à une distance aussi considérable que celle de la portée du canon ; et à plus forte raison à une distance hors de la
portée ». On a dit que ces observations méritent aujour-
d'hui d'autant plus de considération que la portée des
pièces d'artillerie est plus grande.

Le commandant Ortolan est peut-être quelque peu
téméraire, en sa qualité de marin, de vouloir dénier
toute compétence en cette matière aux diverses généra-
tions de diplomates dont quelques-uns étaient fort probablement des hommes de mer, qui ont édicté ces dispositions qu'il critique, alors surtout qu'elles ont rencontré pendant longtemps la quasi-unanimité des puissances intéressées. Si elles avaient été aussi dénuées de
bon sens, elles eussent suscité dès longtemps des
observations et des réclamations de la part des officiers

des diverses marines et on ne les aurait pas vu reproduites à plus de deux siècles d'intervalle.

Il est incontestable qu'il se présentera certainement des cas où le mauvais temps ne permettra pas de mettre une embarcation à la mer, quelque faible d'ailleurs que soit la distance des deux navires. En ces circonstances, que devra faire le croiseur? La réponse n'est pas douteuse : la visite ne sera pas faite. Dans l'impossibilité d'exercer son droit, le belligérant ne l'exercera pas, ou, du moins, il en remettra l'exercice à plus tard, lorsque l'état de la mer le permettra, et se contentera pour l'instant de suivre le navire suspect à la distance qu'il jugera utile pour ne pas le perdre de vue.

Pourquoi le croiseur n'agirait-il pas de même lorsque le temps sera moins mauvais, mais ne permettra pas néanmoins, sans imprudence grave, au commandant d'aventurer une embarcation armée à une trop grande distance?

D'ailleurs, la question de la distance à parcourir me semble réellement de peu d'importance en cette matière. Si la mer est belle, elle ne saurait être prise en considération, et, si la mer est mauvaise, malgré la plus faible distance, il y a danger, et par suite, en voulant exercer en ce cas son droit de visite, le commandant du croiseur expose volontairement ses hommes et commet l'imprudence grave dont parle le commandant Ortolan. La manœuvre la plus difficile et même la plus dangereuse en pleine mer est le débarquement et l'embar-

quement du canot qui doit servir à la visite : or, cette
opération est bien indépendante de l'éloignement du bateau suspect.

Un autre motif invoqué par le même auteur pour ré-
duire cette distance est l'état de suspicion dans lequel
se trouve alors, vis-à-vis du croiseur, le navire à visiter.
« Il peut être un ennemi ; il faut donc le tenir en respect
et le conserver, sinon sous la volée de ses pièces, du
moins à une distance raisonnable ».

Cette réflexion n'a certainement pas pu échapper aux
rédacteurs des différents actes précités. S'ils en ont décidé autrement que ne le désire le commandant Ortolan,
c'est qu'ils ont considéré l'exercice du droit de visite comme
une atteinte portée à la liberté des neutres, atteinte nécessaire au droit de défense des belligérants, c'est possible, mais qui devait être restreinte aux plus étroites
nécessités de la défense qui lui donnent seules, en équité,
sa raison d'être.

Si le neutre est suspect pour le croiseur, pourquoi le
croiseur, bâtiment armé, pourvu d'artillerie, d'un nombreux équipage, ne serait-il pas lui aussi suspect au
neutre, qui peut craindre un coup de main. Les pirates
sont rares, aujourd'hui, j'en conviens, mais ils ne sont
pas impossibles, surtout en temps de guerre maritime.

Évidemment, il est dans l'esprit de tout commandant
de la marine de guerre de préférer voir laisser à sa
libre initiative le mode d'exercice de la visite. Toute
entrave apportée par les traités ou les règlements lui

sera odieuse, et il cherchera à établir par tous moyens, sinon l'impossibilité, du moins la grande difficulté de s'y conformer. Mais cette gêne ne saurait prévaloir contre le grand principe de la liberté des neutres, et il ne serait certainement pas équitable qu'un navire de guerre, dans le but d'assurer le respect de la neutralité, portât lui-même atteinte à ce droit.

Une autre objection faite contre la fixation de la distance entre les deux navires hors de la portée du canon est la grande portée des pièces d'artillerie moderne. Cette grande portée, dit-on, va nécessiter un grand éloignement et, outre les inconvénients déjà signalés, il y aura aussi celui d'une grande perte de temps infligée au navire neutre.

Ces objections paraissent en effet bien sérieuses, et je ne doute pas qu'elles aient beaucoup influé sur les modifications apportées par certains traités et règlements actuellement en vigueur sur la distance à observer dans l'exercice de la visite.

Il ne faut cependant rien exagérer sur ce point, et venir prétendre, comme certains auteurs, que la portée de nos pièces d'artillerie navale atteint 8 milles, ce qui ferait une distance de 15 kilomètres, est bien peu conforme à la réalité des faits.

A terre, lorsque l'on tire d'un point élevé, notre artillerie pourrait peut-être atteindre théoriquement cette portée dans nos batteries de côte. Mais, dans le domaine des faits, et surtout avec la faible élévation des pièces d'artillerie, sur nos navires modernes, au-dessus du niveau de la mer, on ne peut guère attribuer à la portée de ces pièces, pour assurer un tir satisfaisant, une valeur supérieure à 2 à 3 milles, soit 5 kilomètres environ au maximum. Au-delà de cette distance, le tir peut être considéré comme à boulet perdu, surtout s'il est dirigé contre un navire.

Or, pour franchir ces 2 à 3 milles, nos vaisseaux de guerre sont aujourd'hui pourvus d'embarcations à vapeur, dénommées canots, vedettes, whites, dont quelques-uns atteignent la vitesse de 12 nœuds et plus ; les 3 milles peuvent donc être franchis en 15 minutes et l'on ne comprend guère, devant l'éloquence de ces chiffres, l'objection du temps pouvant être perdu pour le navire suspect.

Les raisons qui ont fait adopter dans la pratique du droit international, pendant toute la durée des siècles derniers, la distance d'une portée de canon pour l'exercice du droit de visite, militent donc aujourd'hui plus sérieusement encore en faveur du maintien de cette distance. Et il importe gravement, en une matière aussi délicate, de circonscrire dans les limites les plus précises et les mieux définies, l'arbitraire des commandants qui, chez certaines nations, peut dépasser toutes les bornes.

Pour terminer l'étude de cette première opération de la visite : « l'arrestation du navire neutre », il me reste à dire quelques mots de ce que peut faire le croiseur, si ce dernier refuse de s'arrêter et continue sa route sans répondre au coup de semonce.

En ce cas, comme je l'ai déjà dit plus haut, le croiseur tire, à une certaine distance, sur l'avant du navire neutre un coup de canon à boulet.

C'est là une seconde sommation à laquelle le neutre est tenu de se soumettre, sinon le croiseur est autorisé à user de la force et à ouvrir le feu de son artillerie sur le bâtiment suspect dont la conduite semble indiquer un caractère hostile. Le premier coup est généralement tiré dans le gréement, constituant une troisième et solennelle sommation.

Toutefois, avant d'en venir à cette mesure extrême, le commandant du croiseur me semble devoir encore inviter le neutre à la soumission en communiquant avec lui par les signaux du Code international : les traités et les règlements ne lui imposent sur ce point aucune obligation. Mais l'amiral Courbet agissait ainsi en 1884, dans l'escadre de Chine, et cette façon d'agir est certainement la plus conforme à l'esprit même de la visite.

Si le bâtiment neutre, au lieu de répondre à l'appel du croiseur, prend la fuite, essayant ainsi de se soustraire à la visite, quels sont les droits de ce dernier ?

Nous ne pouvons guère sur ce point partager complètement le sentiment de l'abbé Galiani, et dire qu'en ce cas « il n'y a aucun motif de le poursuivre et de le « punir de n'avoir pas répondu à cet appel; et cela, « continue cet auteur, pour cette raison que bien qu'il

« n'ait pas satisfait en tout la curiosité, en découvrant
« évidemment sa condition, il a néanmoins détruit le
« soupçon, puisque celui qui fuit et s'éloigne ne montre
« pas des intentions hostiles : et il suffit à deux bâti-
« ments qui naviguent pour faire leurs affaires, d'être
« sûrs qu'ils n'ont rien à craindre l'un de l'autre. Outre
« cela, c'est une chose visible que la peur et le soupçon
« deviennent réciproques entre deux bâtiments, qu'il
« est plus grand dans celui qui se sent moins de force.
« et que ce dernier doit craindre, en se rendant à l'ap-
« pel, de se jeter aveuglément dans les mains de son
« ennemi ou d'un pirate; on ne peut donc lui imputer
« à délit de n'avoir pas obéi et d'avoir pris la fuite. On
« doit, par cette raison, regarder comme injuste et
« cruelle la loi contenue dans les édits de quelques sou-
« verains, qui, sans autre examen, déclarent de bonne
« prise tout bâtiment, ennemi ou non, qui désobéit à
« l'appel, résiste et combat ».

Dans tout cela, il y a cependant un fond de vérité.
Un navire neutre, n'ayant à bord ni personnel ni matériel à destination de l'ennemi, neutre en un mot tant
en droit qu'en fait, cherche à se soustraire à la visite
par la fuite. Que doit-il en résulter pour lui, en équité?
Il commet là une faute, ceci ne peut être contesté, car
il viole le droit international d'une façon manifeste, et
aux yeux du croiseur belligérant une telle conduite ne
peut paraître autre que celle d'un ennemi. Il est innocent, il est neutre, je le veux bien, mais, en agissant

comme un coupable, il s'expose à l'emploi de la force à son égard et il ne peut s'en plaindre, puisque les projectiles qu'il recevra seront la conséquence de sa conduite.

Mais là s'arrêtera le droit du croiseur. Lorsque, par l'emploi de la force, ce dernier aura réussi à rejoindre le bâtiment suspect, à le visiter, à s'assurer de sa parfaite neutralité, il ne me semble nullement avoir le droit de se venger de sa résistance par la capture soit du navire, soit de la cargaison, soit de tous les deux. Le pavillon neutre est libre, il couvre même la marchandise ennemie : cette règle est une règle d'équité ; la loi positive n'a eu qu'à l'enregistrer. Or, le fait de la simple résistance à la visite indépendamment de toute lutte armée, n'a nullement entaché la neutralité du navire suspect.

Il en devrait être autrement, dira-t-on, si ce dernier, non content de résister par la fuite, avait tenté de résister par la force à la visite et avait lui-même causé quelque dommage au croiseur. Car, par l'emploi de la force, le neutre sort de la neutralité, il fait acte d'hostilité, d'ennemi, et doit être traité comme tel.

Ce raisonnement me semble très spécieux. Si le neutre a causé des avaries au croiseur, il lui en doit réparation, c'est incontestable. Mais de là à déclarer que cette réparation sera représentée à forfait par la prise du navire entier et même de la cargaison, quels qu'en soient les propriétaires, ceci me paraît absolument injuste. Tout au plus pourrait-on admettre une saisie provisoire du navire comme garantie du paiement de l'indemnité dûe pour le dommage causé par le navire, avec la faculté, d'ailleurs, pour les propriétaires, responsables de la faute de leur capitaine, de se libérer par l'abandon de ce navire et même du fret. Un simple acte de violence ne peut entraîner les mêmes conséquences juridiques qu'une déclaration de guerre.

Quant à la cargaison, même en cas de résistance et de combat, elle devrait être à l'abri de toute prise. Si elle appartient à un neutre, ceci est indiscutable ; la marchandise neutre sous pavillon ennemi devant être respectée, et un « ennemi de fait » ne pouvant être traité plus rigoureusement que « l'ennemi de droit ». Si elle appartient à un ennemi, il devrait en être de même, car la résistance du navire n'a nullement altéré en droit la neutralité de son pavillon ; elle n'a nullement impliqué adhésion à l'ennemi.

Aussi je ne puis pas partager sur ce point l'avis d'Hautefeuille qui prétend assimiler la résistance à l'exercice de la visite au fait de porter de la contrebande de guerre ou de violer la neutralité.

Tels sont donc les vrais principes d'équité qui devraient régir cette matière.

Il n'en est malheureusement pas ainsi, et la cupidité humaine, secondée par les sophismes de quelques

théoriciens, à réussi à faire écrire dans les textes des
règles de droit... putatif, rien moins que conformes au
droit naturel.

D'après la jurisprudence anglaise, la simple résistance du navire neutre à la visite, même par la fuite,
indépendamment de toute voie de fait, autorise la confiscation de ce navire et de la cargaison, quelle qu'en
soit la nature ; il s'entend toutefois que la cargaison doit
être rendue lorsqu'elle n'appartient pas au propriétaire
ou au capitaine. Le juge de l'amirauté, sir William
Scott (lord Stowell) n'était cependant pas de cet avis
et prétendait même qu'on devait, dans tous les cas,
confisquer tout ce qui se trouvait sur un vaisseau qui
résistait à la visite, du moment que ce vaisseau était
neutre, car alors il agissait contre le droit. Bien au
contraire, le navire ennemi avait le droit de résister à la
visite, et, après la prise, les biens neutres qui s'y trouvaient étaient libres.

Ce raisonnement est d'une étrangeté voisine de
l'absurdité. L'exemple suivant emprunté à Gessner le
démontre clairement :

« Un vaisseau portant pavillon neutre s'oppose à la
visite qui doit déterminer sa nationalité véritable. Le
vaisseau est saisi : on constate que le pavillon neutre
était un pavillon faux, que le *navire était ennemi*.
Suivant Scott, sa *cargaison neutre est libre*. Mais si
le pavillon est sincère, si le *navire est véritablement*

neutre, suivant Scott toujours, sa *cargaison neutre est confiscable !*

Les publicistes anglais modernes partagent cependant cette manière de voir, et Wheaton lui-même cite la sentence de sir W. Scott comme l'*ultima ratio* du droit international.

Chez les autres peuples, l'ordonnance espagnole de 1718 admet que la résistance à la visite par la fuite autorise la confiscation du navire, mais elle ne parle pas de la cargaison.

Notre ordonnance de 1681 est, sur ce point, plus équitable. Elle exige, pour la validité de la prise (art. 12), qu'il y ait eu, de la part du neutre, résistance et combat. Et même en ce cas, les textes français n'autorisent nullement la prise de la cargaison, surtout si celle-ci est reconnue neutre.

Certains traités conclus par la France depuis cette époque renferment, il est vrai, la disjonctive *ou*. Entre autres celui du 1er avril 1769 avec la ville de Hambourg, dit à l'art. 20 : « ... en cas de résistance *ou* « combat, lesdits navires seront de bonne prise (1) ». Mais le système français n'a pas varié sur ce point malgré ces différences de rédaction. L'article 7 de la loi du 22 mai 1803 reproduit d'ailleurs les termes mêmes de l'ordonnance de 1681.

(1) Martens, t. I, p. 642.

Un arrêt du Conseil d'Etat du 3 juillet 1816, rapporté dans Dalloz, décide : « Considérant que la circonstance « alléguée par le corsaire français de la fuite du navire « l' « Amphion » au coup de semonce lui donnait bien « le droit de le contraindre à amener ses voiles et à « se laisser visiter, mais ne l'autorisait pas, après avoir « reconnu sa neutralité, à l'arrêter et à le conduire « dans un port de la Poméranie... »

Les instructions ministérielles du 25 juillet 1870 disent également : « En cas de résistance *armée* de sa « part vous auriez à le capturer sans autre examen. » Quant à la cargaison, les mots « sans autre examen » laissent entendre qu'elle doit subir le sort du navire.

Le projet de règlement international de 1887 dit qu'en cas de fuite (§ 23) il y a lieu de *saisir* navire et cargaison : mais il n'indique pas clairement si cette saisie doit avoir comme conséquence *la prise*. Il le suppose cependant.

Le droit positif a donc encore sur ce point de sérieux progrès à faire pour se conformer à l'équité du droit naturel.

Il faut ajouter toutefois que, s'il était démontré que le capitaine ignorât la déclaration de guerre, le navire lui-même ne pourrait être l'objet d'aucune confiscation : tout navire-tiers ayant le droit de s'opposer par la force à la visite en temps de paix, sauf traité contraire naturellement. Cette restriction est admise uniformément par la jurisprudence internationale.

CHAPITRE II

COMMUNICATION ENTRE LE CROISEUR ET LE NEUTRE.

Les deux navires étant arrêtés, il y a lieu d'établir une communication entre eux pour procéder à la visite.

Il semble qu'une question aussi simple n'ait pu recevoir qu'une solution, et que le sens même du mot « *visite* », droit reconnu aux seuls navires de guerre, implique nécessairement l'obligation pour celui-ci d'envoyer à bord du navire neutre, et nullement le pouvoir d'inviter ce dernier à venir à bord du croiseur présenter ses papiers.

Cependant, dans le domaine des faits, il faut reconnaître que cette prétention a parfois été émise par certains commandants de la marine de guerre, et celà malgré le silence des traités. C'est là une raison de plus à l'appui de ce que j'ai déjà dit, qu'en cette matière rien ne devrait être laissé à l'arbitraire des commandants.

M. Pasquale Fiore nous rapporte, au tome II, p. 477, de son traité, l'exemple d'un fait de ce genre. Le 30 mars 1868, un paquebot italien, « le Prince de Cari-

gnan », allant de Brindisi à Alexandrie, rencontra, à
10 milles environ de l'île Candie, un croiseur turc qui
vint à lui et s'arrêta, l'officier de quart faisant des
signaux avec la main. Le navire italien hissa ses couleurs, puis ralentit sa course. Le Turc tira deux coups
de canon à poudre et quelques coups de fusil à balles.
« Puis, déclare le capitaine du paquebot, le commandant
« turc me fit signe de la main de me rendre à son
« bord. Je fis mettre à la mer une embarcation armée
« de 4 hommes, qui se rendit au croiseur avec un offi-
« cier muni de ses papiers de bord en règle. Il fut reçu
« avec brutalité et interrogé minutieusement sur les
« conditions de notre navire. Non content de cela, le
« Turc fit appeler notre machiniste qui se rendit immé-
« diatement à son bord pour y être interrogé avec
« l'officier. Comme cela ne suffisait pas au commandant
« du croiseur, il nous dépêcha un de ses officiers qui
« visita minutieusement tout le paquebot. Je protestai
« contre cette façon de procéder et le retard qu'on nous
« faisait subir. »

C'était un Turc : et il avait peut être pour excuse à
cette façon d'agir l'absence, à son bord, d'embarcation
en bon état : les finances de la Porte, et par suite son
matériel naval n'étant pas plus alors qu'aujourd'hui en
situation bien prospère. Mais un Anglais ne se serait
peut-être pas fait faute d'agir de même.

Les faits de ce genre ne sont pas rares en pratique ;
aussi sur ce point, les navires de guerre doivent avoir

des instructions très précises. En aucun cas, le croiseur ne doit pouvoir exiger que les hommes du navire arrêté viennent à son bord, quand bien même ce dernier ne serait qu'une barque de pêche, alors que le premier porterait le pavillon d'un officier général.

Et en effet, c'est dans le seul intérêt des belligérants que le droit de visite a été créé, afin de leur permettre d'assurer l'observation des lois de la guerre déclarée par eux. Il est donc rationnel, il est juste qu'ils soient seuls chargés de l'exécution.

Le droit de visite n'est pas un acte de juridiction, un acte de pouvoir sur ceux qui le subissent. Or, il est évident que le fait d'appeler un capitaine neutre hors de son navire, de lui donner l'ordre de venir à bord d'un bâtiment étranger est un acte de supériorité, un acte de juridiction et, par conséquent, contraire au principe même qui sert de base au pouvoir accordé au belligérant, au caractère essentiel de ce pouvoir.

Déjà, au siècle dernier, le Danois Hübner écrivait très justement : « C'est déjà beaucoup que les neutres « aient à souffrir cette conséquence d'une guerre à « laquelle ils sont étrangers : il est bien juste au moins « qu'on leur évite tout ce qui aggraverait sans nécessité cette souffrance. Aussi la production des papiers « requis doit elle se faire sans déplacement à bord du « navire neutre. »

« De plus, continue-t-il, le bâtiment de guerre ne « court aucun risque à envoyer ses hommes à bord du

« navire marchand, tandis que celui-ci se trouverait
« très exposé s'il perdait même ces quelques hommes.
« — Enfin, si ses papiers étaient retenus, il se trouve-
« rait forcé de se rendre à un ennemi qui peut n'être
« qu'un pirate ».

A ces observations j'ajouterai que le danger d'armer
une embarcation en pleine mer serait bien plus grand
pour un navire de commerce que pour un bâtiment de
guerre dont l'armement est infiniment supérieur, tant
au point de vue du matériel qu'à celui du personnel. Et,
d'un autre côté, le croiseur restant juge, avec ses canons
pour arguments, des circonstances de temps et par suite
de la possibilité de mettre une embarcation à la mer,
trouvera rarement la visite impraticable de ce chef lorsqu'il s'agira d'un équipage étranger.

C'est pour toutes ces raisons que la plupart des traités et des conventions, pendant les siècles derniers surtout, ont prescrit que le croiseur enverrait lui-même un
canot à bord du neutre et nullement que ce dernier dût
se rendre à bord du croiseur.

Quelques traités même, entre autres celui du 30 septembre 1800 entre la France et les Etats-Unis, à l'art. 18,
repoussent formellement cette idée : « Il est expressé-
« ment convenu que le neutre ne pourra être contraint
« d'aller à bord du vaisseau visitant pour y faire l'exhi-
« bition demandée des papiers ou pour toute autre in-
« formation quelconque ».

Cependant les lois intérieures de certains pays ont

apporté à diverses époques des dérogations à cette règle : ce sont particulièrement les ordonnances suédoises de 1715 et 1741, l'ordonnance espagnole de 1779, etc... La loi danoise du 14 février 1864 dispose : « Lorsqu'un croiseur rencontre un navire marchand « n'allant pas sous convoi, le commandant doit hêler « le patron en l'invitant à se rendre à bord avec les pa- « piers du navire... ».

Le règlement des prises de Prusse, du 20 juin 1864, adopte également le même système : « Le commandant « du croiseur fait venir à son bord le patron avec les « papiers du bâtiment. Si leur examen ne soulève au- « cune objection, il permet au navire de continuer sa « route immédiatement et librement. S'il trouve une « raison fondée d'élever un soupçon qui justifierait la « saisie, il doit envoyer un officier sur le bâtiment « pour s'enquérir des circonstances ».

Mais les traités des 28 décembre 1869 et 3 juin 1870 entre la Confédération-Nord allemande d'une part, le Mexique et le Salvador d'autre part, stipulent expressément que l'examen des papiers doit avoir lieu seulement à bord du navire à visiter, que ces papiers ne peuvent être emportés et que, sous aucun prétexte, le capitaine, les officiers ou les hommes de l'équipage ne peuvent être forcés de se rendre à bord du croiseur.

Les instructions données le 20 juin 1866, à l'occasion de la guerre entre l'Autriche et l'Italie, par le ministre de la marine de cette dernière puissance, M. Depretis, aux commandants des forces navales, renferment les mêmes dispositions.

La convention du 26 février 1871 entre l'Italie et les Etats-Unis porte également : « Le bâtiment neutre ne « sera pas requis d'envoyer à bord du navire de « guerre pour montrer ses papiers ou pour toute autre « cause ».

En France, Valin, dans son Commentaire de l'ordonnance de 1681, déclare (art. 12, T. 9, Livre 3) : « De là, il suit que, dans tous les cas, le neutre doit « souffrir la visite de son navire et de ses papiers, vé- « rification qui se fait, tant sur l'exhibition de ces « mêmes papiers qu'il apporte ou qu'il envoie à bord « du vaisseau de guerre, que par l'officier et les gens « de l'équipage que le capitaine du vaisseau de guerre « envoie à bord de ce navire ». Il semblerait en résulter que le système mixte adopté par le règlement prussien du 20 juin 1864 était en usage au temps de Valin, l'ordonnance ne contenant sur ce point aucune prescription rigoureuse.

Mais les règlements français de 1854 et les instructions de 1870 sont formels. Celles-ci ordonnent à l'article 4 : « *Vous lui enverrez* une embarcation portant « le pavillon parlementaire ».

Le projet de règlement international de 1887 est plus précis encore. Le § 12 décide : « Le navire arrêté ne « pourra jamais être requis d'envoyer à bord du navire

« de guerre son patron ou une personne quelconque
« pour montrer ses papiers ou pour toute autre cause».

Il est donc bien établi que c'est au croiseur qu'il
appartient de mettre à la mer l'embarcation qui doit se
rendre à bord du navire neutre pour procéder à la visite.

Le choix de l'embarcation est d'ailleurs laissé à son
initiative. Mais il est certain qu'il ne pourrait l'armer en
guerre avec des canons-revolvers, torpilles ou autres
engins pouvant constituer des menaces pour le bâtiment
neutre. Sur ce point les traités sont formels et, à défaut
de dispositions spéciales, l'essence même du droit de
visite, tel que nous l'avons exposé, s'opposerait à une
manifestation de ce genre.

Pour la même raison, cette embarcation ne doit pas
porter un personnel trop nombreux. Son équipage,
toutefois, peut être en tenue de guerre : l'armement des
hommes étant une mesure de défense personnelle plutôt
qu'une menace pour le neutre.

Ainsi équipée, l'embarcation du croiseur se dirige sur
le bâtiment suspect sous le commandement d'un officier de marine en armes et l'accoste.

CHAPITRE III

NOMBRE D'HOMMES POUVANT MONTER A BORD DU NAVIRE A

VISITER.

La communication étant établie entre le croiseur et le neutre par le fait de l'accostage de l'embarcation du premier le long du bord du second, l'officier qui la commande monte immédiatement à bord suivi seulement de deux ou trois hommes : les autres demeurent dans le canot, à quelques mètres du bâtiment.

L'article 24 du traité d'Utrecht règle expressément ce point et limite à ce nombre les marins pouvant accompagner l'officier visiteur à bord du navire suspect.

Les traités postérieurs ont reproduit cette clause, et même l'ukase de Pierre le Grand sur la marine (Morski oustaw) ordonne que la visite soit faite par un seul homme. « La visite doit se faire par *un pilote intelligent*, avec tous les ménagements possibles ». (Règles russes sur les prises maritimes de 1869, § 69 et 39.)

Mais les traités internationaux. et notamment ceux des 31 décembre 1786 et 11 janvier 1787 entre la France et la Russie, consacrèrent le système du traité d'Utrecht :

« Afin d'éviter tout désordre et violence, les hautes
« parties contractantes conviennent que les belligérants
« ne pourront jamais envoyer au-delà de deux ou trois
« hommes, dans leurs chaloupes, à bord des neutres
« pour faire examiner les passeports et lettres de mer
« qui constateront la propriété des chargements desdits
« navires marchands (1) ».

Même version dans un traité du 14 septembre 1782
entre l'Espagne et la Turquie, et nous avons vu plus
haut (p. 47) que le rapport de Hugues Maret à l'empereur Napoléon dispose spécialement que la visite
doit avoir lieu par deux hommes *au plus* (2).

Plus près de nous, les instructions du ministère italien du 20 juin 1866 renferment des dispositions sem-
blables, et l'article 4 des instructions françaises du
25 juillet 1870 ordonne : « Un officier, accompagné de
« *deux ou trois hommes au plus*, monte à bord du
« navire à visiter ».

Cette règle est d'ailleurs tellement conforme à la
nature de la visite qu'elle a été intégralement reproduite
dans l'art. 11 du projet de règlement international de
1887 (3).

Il n'existe sur ce point aucune controverse.

(1) Martens, t. V, p. 196.

(2) Arch. Aff. Étr., nº 2026, p. 510.

(3) *Revue de D. I. public*, p. 147.

C'est alors que commence la visite proprement dite. Elle peut comprendre deux phases :

Dans la première, l'officier visiteur vérifie la nationalité du navire, celle des marins et des passagers et la nature de la cargaison, mais seulement par *l'examen des documents* à lui présentés par le capitaine.

Dans la seconde, laissée à l'initiative de l'officier, comme conséquence du résultat de la première, ce dernier fait dans le navire *des recherches* pour s'assurer de la sincérité des documents qui lui ont été remis.

Nous allons les examiner successivement dans les chapitres suivants.

CHAPITRE IV

EXAMEN DES PIÈCES DE BORD.

« Tout bâtiment qui navigue sur mer, dit Calvo, doit
« être muni d'un certain nombre de documents des-
« tinés à régulariser sa situation, à faciliter l'exercice
« de la police maritime et à justifier en dûe forme sa
« nationalité, sa provenance, sa destination et la pro-
« priété de tout ce qui se trouve à bord. Les prescrip-
« tions générales établies à cet égard par les lois

« intérieures de toutes les nations maritimes pour le
« temps de paix sont, en vue des cas de guerre et pour
« la sauvegarde des droits des belligérants, corroborées
« par un grand nombre de clauses conventionnelles
« dont les plus anciennes remontent au traité de com-
« merce conclu à Utrecht le 11 avril 1713 entre
« l'Angleterre et la France (1) ».

La forme et le nombre de ces pièces a bien varié
suivant les temps et les pays, mais le fond de la question reste toujours le même aujourd'hui qu'autrefois.

Le traité des Pyrénées stipulait simplement, à
l'art. 17, que le capitaine devait montrer à l'officier
visiteur *ses passe-ports* « par lesquels il puisse appa-
« roir non seulement de la charge, mais aussi du lieu
« de sa demeure et résidence, et du nom tant du
« maître ou patron que du navire même, afin que par
« ces deux moyens on puisse connaître s'il porte des
« marchandises de contrebande et qu'il apparaisse
« suffisamment tant de la qualité dudit navire que de
« son maître ou patron, auxquels *passe-ports* et *lettres*
« *de mer* se devra donner entière foi et créance ».

L'ordonnance de 1681 dispose, à l'art. 6, livre III,
titre IX : « Seront de bonne prise les vaisseaux avec
« leur chargement dans lesquels il ne sera trouvé
« *chartes parties, connaissements, ni factures* », et,
à l'art. 13 : « Défendons à tous capitaines de vaisseaux…

(1) Calvo, IV, p. 313.

« d'arrêter ceux de nos sujets, amis ou alliés, qui
« auront amené leurs voiles et représenté leur *charte*
« *partie* ou *police de chargement* ». Ceci avait trait à
la cargaison. Quant à la nationalité, le *rôle* d'équipage
prescrit par l'art. 10. livre II, titre Ier de la même
ordonnance permettait de l'établir.

Le traité d'Utrecht reproduit à l'art. 25 la clause 17
du traité des Pyrénées.

La déclaration française du 26 juillet 1778 est plus
explicite (1). Elle dit à l'article 2 : « Les maîtres des
« bâtiments neutres seront tenus de justifier sur mer
« de leur propriété neutre par les passe-ports, connais-
« sements, factures et autres pièces de bord : *l'une*
« *desquelles au moins constatera la propriété neutre*
« *et en contiendra une énonciation précise*. Et quant
« aux chartes parties et autres pièces qui ne seraient
« pas signées, veut Sa Majesté qu'elles soient regardées
« comme nulles et de nul effet ».

L'article 26 de la Convention du 26 septembre 1786 (2)
décide : « Seront montrées par le capitaine du navire
« visité les *lettres de mer* qui contiennent la preuve de
« la propriété du vaisseau dans la forme annexée au
« présent traité ». Et l'article 27 ajoute qu'il y aura lieu
de produire « non seulement les *lettres de mer*, mais
« encore les *certificats* qui marquent que ces mar-

(1) Arch. Aff. Étr., no 2022, p. 123.

(2) Martens, IV, p. 171.

« chandises ne sont pas du nombre de celles qui ont
« été défendues et qui sont énoncées dans l'article 27
« de ce traité (1) ».

L'article 9 du règlement de neutralité publié, le
7 août 1803, par l'empereur François II d'Autriche contient des dispositions très complètes : « L'empereur en-
« joint aux navires autrichiens de se faire délivrer par
« le magistrat le plus voisin les passe-ports nécessaires,
« ainsi que de se munir de certificats de douanes, de
« chartes parties, connaissements et autres documents
« qui indiquent le nom du propriétaire, la qualité et la
« quantité du chargement, sa destination et la personne
« à laquelle il est adressé ». Il ajoute : « Nous nous
« réservons de publier incessamment un règlement
« spécial *déterminant la forme de tous les documents*
« *et la manière dont il convient qu'ils soient déli-*
« *vrés* afin de prévenir tout abus à cet égard ».

Les auteurs ont longuement disserté sur la forme et
le nombre des pièces à produire par le bâtiment visité
à l'officier visiteur : ils avaient là, en effet, un champ
des plus fertiles pour les théoriciens.

Azuni nous dit à ce sujet, tome II, p. 243, § 9, résumant les opinions de ses devanciers : « Hübner compte
« jusqu'à onze espèces de papiers différents qu'on a
« coutume de trouver sur un bâtiment. Galiani et
« Lampredi croient, avec raison, qu'il n'y en a que cinq

(1) Rapport à l'emp. Napoléon, 1804. Aff. Étr., n° 2024, p. 433.

« de nécessaires pour démontrer la véritable propriété
« du navire et du chargement. Ces papiers sont : les
« *patentes de navigation*, autrement dit le passe-
« port ; le *rôle d'équipage*, le *contrat de nolis* ou les
« connaissements, le *contrat d'achat* ou le titre de
« propriété du navire, et les lettres de *naturalisation*
« du capitaine. La seule patente par laquelle une na-
« tion veut qu'un navire soit traité comme lui apparte-
« nant ne suffit pas suivant les usages actuels de la
« mer. Mais il faut encore que le capitaine et les deux
« tiers des matelots soient sujets de cette même nation
« et que ces matelots soient compris sur le rôle d'équi-
« page. Les autres papiers indiqués par Hübner, tels
« que la *facture des marchandises*, le *journal*, l'*in-
« ventaire* et le *certificat de santé*, sont des papiers
« nécessaires à la bonne police du navire et à l'écono-
« mie privée du capitaine, mais tout à fait indifférents
« aux belligérants ».

De nos jours, Calvo fait une énumération des principales pièces qui peuvent se trouver sur un navire marchand. Ce sont : le passeport ou congé, l'acte de propriété du navire, le rôle d'équipage, le journal de mer,
la patente de santé, le contrat d'affrètement et d'assurance, le manifeste de la cargaison, les connaissements
et les factures, les déclarations de douane et les certificats d'origine ou les visas consulaires.

Au point de vue de la marine marchande française,
ces papiers sont énumérés à l'article 226 du Code de

Commerce. Le capitaine doit avoir à bord : l'acte de propriété du navire ; l'acte de francisation ; le rôle d'équipage ; les connaissements et chartes-parties ; les procès-verbaux de visite ; les acquits de paiement ou à caution des douanes.

En tout dix pièces : encore y a-t-il quelques réserves à faire. Ainsi l'acte de propriété ne peut pas se trouver à bord du navire puisqu'il doit être annexé au registre des soumissions de francisation. D'ailleurs cette pièce serait parfaitement inutile puisque la loi du 17 vendémiaire an II (art. 17), encore en vigueur aujourd'hui, exige la mention de son contenu au dos de l'acte de francisation. Cette dernière pièce suffira donc.

En dehors du Code de commerce (1), des lois et décrets spéciaux exigent encore que les navires aient quelques autres pièces de bord : Ce sont le *congé*, le *manifeste*, la *patente de santé*, puis quelques autres papiers d'importance moindre, la *liste des passagers*, etc.... etc.

Pour le cas qui nous occupe, l'article 6 des instructions ministérielles du 25 juillet 1870 contient une nomenclature plus utile. Le capitaine marchand doit avoir à bord : 1° l'acte de propriété, le congé ou passeport, et le rôle d'équipage, toutes pièces établissant la *nationalité du bâtiment*, et 2° les connaissements,

_____

(1) Lyon-Caen et Renault, t. V, § 557.

chartes-parties et factures qui établissent la *nature* et la *nationalité* du *chargement*.

Résumant les dispositions précédemment émises tant par les traités que par les règlements intérieurs des Etats, l'article 27 du projet de règlement international de 1887 exige cinq sortes de documents : « Les papiers « de bord requis en vertu du droit international, dit-« il, sont les suivants :

« 1° Documents relatifs à la propriété du navire ;

« 2° Connaissements :

« 3° Rôle d'équipage, avec indication de la nationalité du capitaine et de l'équipage :

« 4° Certificat de nationalité si les documents mentionnés au n° 3 n'y suppléent :

« 5° Journal de bord. »

L'article 28 ajoute : « Ces documents doivent, pour « avoir force probante, être rédigés clairement et sans « équivoque. »

Nous croyons, avec M. Pasquale Fiore, que la forme et le nombre de ces pièces de bord peuvent varier à l'infini selon les règlements de la nation à laquelle appartient le navire neutre. « Lorsque la nationalité de ce vaisseau « et la nature inoffensive de son chargement ont été « prouvés par des *documents opportuns*, toute « enquête soupçonneuse devient vexatoire et contraire « à l'indépendance des peuples neutres. Seulement si « les papiers étaient irréguliers, de manière qu'il n'en « résultât pas clairement la preuve de la nationalité du

« navire, et de la nature du chargement, il sera permis
« de faire une légère perquisition à bord pour s'assu-
« rer de la nationalité du navire. »

L'Angleterre ne partage pas cette manière de voir ;
s'en tenant à ses sévères errements des siècles passés,
elle exige une régularité absolue dans tous les documents soumis à l'examen. La moindre irrégularité, le
moindre soupçon autorisent, d'après elle, la visite
minutieuse du navire et de son chargement, autrement
dit « les recherches ».

Selon la pratique française, l'absence de tel ou tel
document requis en pareille circonstance, même par la
législation nationale du bâtiment neutre, n'entraîne
aucune conséquence fâcheuse lorsque les autres pièces
de bord présentées sont reconnues suffisantes pour dissiper tout doute sur la nationalité du navire et la nature
de sa cargaison.

Déjà, en 1801, M. de Talleyrand exposait ce système
d'une façon formelle. Il écrivait, le 12 frimaire an IX,
comme ministre des Relations extérieures, au citoyen
Durand, commissaire du gouvernement près le Conseil
des prises : (1) « .... Malgré la nullité reconnue du
« passeport de la « *Minerva* », malgré l'absence de
« rôle d'équipage, il n'y a pas lieu de condamner le

_____

(1) Arch. Aff. Étrang., n° 2024, p. 366. (Affaire du navire prussien
« *la Minerva* » capturé par le corsaire « *l'Heureux Spéculateur* »
de Grandville).

« bâtiment ni la cargaison, *si la neutralité de l'un et*
« *de l'autre est « constatée par les autres pièces de*
« *bord ou même par l'une d'elles.* Telle est mon opi-
« nion sur les points de difficultés que vous m'avez
« proposés, et je ne crois pas qu'on puisse penser
« différemment sans s'écarter tout à fait des principes
« et des ordonnances. »

Cette opinion a d'ailleurs reçu dernièrement une consécration solennelle. Le projet de règlement international de la visite, de 1887, décide, en effet, à l'art. 29 :
« Si dans la constatation d'une circonstance détermi-
« nante pour la saisie, il y a évidence quant à la natio-
« nalité du patron ou de l'équipage suivant le fait dont
« il s'agit et qu'un papier de bord ordinairement rela-
« tif à l'une de ces questions manque, la seule absence
« de ce papier n'est pas un motif de saisie pourvu,
« toutefois, que les autres papiers de bord soient
« d'accord entre eux sur le point en question. »

Il faut donc admettre que non seulement l'exhibition
de papiers réguliers, en bonne et due forme, conformes
de tous points à ceux qui auront été prescrits par les
traités ou règlements du bâtiment visité, impose à l'officier visiteur l'obligation de se retirer purement et
simplement, mais que la même conséquence doit résulter de l'exhibition de documents clairs, précis, sincères,
suffisants pour démontrer la propriété neutre du navire
et l'inocuité de son chargement.

La visite doit alors s'arrêter là. C'est donc au neutre qu'il appartient de se mettre en règle à cet égard, d'après les règlements mêmes de son pays, s'il tient à n'avoir à subir, de la part des belligérants, que cette visite sommaire limitée à la vérification des papiers.

Les puissances neutres devraient, d'ailleurs, au début des hostilités, notifier officiellement aux belligérants leurs règlements spéciaux en cette matière en y joignant un modèle des pièces de bord exigées par les lois intérieures pour leurs navires marchands. Et les croiseurs des peuples en guerre devraient être munis d'un exemplaire de tous les traités ou règlements internationaux en vigueur, avec les modèles précités : si leurs gouvernements ne préfèrent résumer le tout dans les instructions qu'ils leur donnaient à cet effet.

L'inspection, ou « visite » des pièces de bord, commence naturellement par celles relatives à la nationalité même du navire et de son équipage.

En France, ce premier point se trouvera établi par *l'acte de francisation*, document authentique, corroboré d'ailleurs par le *congé*, sorte de passeport délivré au départ du port d'attache par l'administration des douanes.

En Allemagne, ces pièces sont remplacées par le *certificat d'enregistrement* du navire, et les *lettres de mer* : le premier pouvant même être suppléé par l' « *attestation du pavillon* ».

Le *rôle d'équipage* fera connaître au visiteur la nationalité du capitaine, de l'équipage, et même celle des passagers.

Si ces papiers manquent, s'il n'y peut être suppléé par la présentation d'autres pièces claires, précises, authentiques ou si, de leur examen, il ressort que le bâtiment est de nationalité ennemie, le belligérant l'arrête pour le soumettre ensuite à la procédure ordinaire des prises.

Après avoir vérifié la nationalité du navire, l'officier visiteur doit s'assurer que, neutre d'origine, il n'a pas enfreint les règles de la neutralité en transportant de la contrebande de guerre ou en violant un blocus effectif. Il n'y aura pas lieu de rechercher quel peut être le propriétaire de la cargaison, car, quand bien même il serait ennemi, sa propriété est garantie par les dispositions de la déclaration de Paris : « le pavillon neutre couvre la marchandise ennemie ».

Si le navire neutre, français ou étranger, a chargé dans un port de France, il n'aura qu'à produire son *manifeste de sortie* visé par l'administration des Douanes. Cette pièce, exigée par les lois des 22 août 1791 et 5 juillet 1836, constitue une sorte de résumé des connaissements : elle mentionne la nature, l'origine et la destination des marchandises. Elle est signée du capitaine.

L'absence de ce document peut être suppléée par la production des *connaissements, charte-parties, certi-*

ficats d'origine, etc... dont l'officier du croiseur apprécie la *régularité*.

Ce dernier doit enfin s'assurer de la route du navire neutre, point de départ et port de destination. Ce renseignement est important, même au point de vue de la contrebande de guerre, car telle marchandise, dirigée sur un pays neutre, ne pourrait être considérée comme contrebande de guerre, qui le serait, dirigée sur un port des États belligérants. Mais son principal objet est de vérifier si cette route ne conduit pas ce navire à violer un blocus, s'il ne vient pas de le forcer, ou s'il ne se dirige pas vers des passages suspects.

La *patente de santé*, visée au moment du départ par l'autorité compétente, et surtout le *Journal de bord* donnent sur ce point les indications les plus complètes. Ces deux pièces existent chez tous les peuples civilisés.

Après la vérification de ces pièces, l'officier visiteur apprécie s'il y a lieu de pousser plus loin les opérations.

Si elles lui ont paru régulières et sincères, s'il n'a pu relever, pendant sa présence à bord du navire suspect, aucun fait, aucun indice pouvant servir de base à un soupçon sérieux de fraude, il doit se retirer, après avoir fait mention de sa visite sur le journal de bord, car tout procédé inquisitorial de sa part, en cette circonstance, pourrait autoriser le neutre à réclamer des dommages-intérêts à l'État belligérant.

Déjà au siècle dernier le Danois Martin Hübner insistait pour que la visite ne soit jamais étendue au-delà de la vérification des papiers de bord : « Tout au plus, disait-il, dans le cas d'un *véhément* soupçon de leur fausseté serait-il permis de jeter un *léger coup d'œil* sur le navire et son équipage... »

Et le grand ministre danois, le comte de Bernstorf, écrivait également au mois d'avril 1800 : « La visite « est fondée sur le droit de reconnaître le pavillon des « navires neutres et d'examiner leurs papiers. Il ne « s'agit que de constater leur neutralité et la régularité « de leurs expéditions. Les papiers de ces bâtiments « étant trouvés en règle, aucune visite ultérieure ne « peut légalement avoir lieu, et c'est par conséquent « l'autorité du gouvernement au nom duquel ces docu- « ments ont été dressés et délivrés qui procure à la « puissance belligérante la sûreté requise ».

Mais si l'officier visiteur a découvert, dans les pièces qui lui ont été présentées, quelque irrégularité suffi- sante pour lui permettre des soupçons graves, et si, durant son séjour à bord, il a pu relever dans l'attitude de l'équipage, dans celle du capitaine, dans ses ré- ponses, ou même dans l'aménagement général du navire des indices *sérieux*, la plupart des peuples lui per- mettent alors d'opérer une légère perquisition dans le bâtiment neutre.

Il doit alors mentionner dans son procès-verbal de visite les motifs qui l'ont amené à agir ainsi.

7

Nous arrivons donc à la seconde phase des opérations à bord : les recherches.

CHAPITRE V

LES RECHERCHES.

Nous entrons ici dans un champ des plus controversés.

Les excès qui ont été commis aux siècles derniers dans les recherches faites par les belligérants à bord des navires de commerce neutres, ont engendré chez quelques-uns des auteurs qui ont traité cette question au point de vue de l'équité, des sentiments de profonde répulsion pour cette seconde partie de la visite.

Hautefeuille nous trace un tableau saisissant de ces violences : « Le croiseur, dit-il, fut autorisé par son propre souverain à faire subir un interrogatoire aux officiers et aux matelots du neutre, cherchant à obtenir un mot que trop souvent il arrachait par l'ivresse, par les menaces, les mauvais traitements, et même par les tortures. Un seul mot, un geste échappé à ces malheureux, dont souvent même les auteurs de ces excès n'entendaient pas la langue, suffisait : le navire était saisi... »

Et encore des interrogatoires pouvaient avoir pour prétexte le désir de découvrir la vérité ! Tandis que la plupart du temps les visiteurs allaient droit à leur but, le pillage. Les recherches consistaient alors à examiner ce qui pouvait leur plaire, et le malheureux neutre préférait céder ces objets que de provoquer, par une résistance inutile, des dommages plus importants. Les Anglais avaient même érigé ce système en droit durant les guerres du premier empire ; comme je l'ai dit plus haut, ils en avaient fait le droit de préemption (1) ».

Comme conclusion, Hautefeuille repousse de la façon la plus absolue le droit de recherches, déclarant qu'en aucun cas il ne peut être être légitime et équitable.

J'ai cité tout à l'heure Hübner qui, moins radical qu'Hautefeuille, partage en grande partie sa manière de voir.

Cauchy dit également : « La visite ne doit s'étendre à l'inspection du navire et de la cargaison que dans le cas où, par suite de circonstances tout à fait exceptionnelles, il existerait des soupçons de fraude, non pas légers et futiles, tels que peut en imaginer une politique arbitraire, mais sérieux et graves tels que seraient par exemple des altérations manifestes dans la tenue des livres de bord ou l'absence non justifiée de ces papiers. »

Le commandant Ortolan est plus large : il admet les recherches dès que l'officier visiteur « a des doutes

(1) V. plus haut, p. 46.

fondés » (qu'il apprécie d'ailleurs lui-même) « contre
l'authenticité ou la sincérité des pièces de bord ».

Plus près de nous, Calvo est partisan des recherches ;
« à moins de se contenter, dit-il, dans tous les cas, de
la simple affirmation des capitaines intéressés, nous ne
voyons pas trop comment, en dehors d'une véritable
visite » (lisez recherche), « on pourrait s'assurer de la
sincérité du pavillon ou de la régularité des pièces de
bord. »

Le commandant portugais Carlos Testa suppose les
recherches, mais n'en parle pas. Perels en reconnaît la
nécessité.

Les textes positifs du droit international, traités,
conventions, et même les règlements intérieurs des peuples sont assez sobres sur cette matière. Il semble que
tous les États ont senti le danger de ces procédés, et
que, pour cette raison, il n'en ont pas parlé ou qu'ils les
ont autorisés à regret, mais que, d'un autre côté, ils
n'ont pas voulu les interdire à cause des avantages
qu'ils croient pouvoir en retirer en temps de guerre
maritime.

Hautefeuille divise ces traités et conventions en deux
classes. L'une comprenant quelques traités très importants (Pyrénées, Utrecht...) qui « prohibent d'une manière très explicite, ou seulement implicite, toutes
recherches ». L'autre, « composée de la presque totalité
des conventions déjà citées, qui gardent un silence
absolu sur cette grave question ».

Et le même auteur ajoute : « Les lois intérieures, les proclamations faites par les belligérants au moment de l'ouverture des hostilités ou pendant le cours de la guerre ; les actes de prépotence par lesquels ces peuples prétendent régir l'univers et soumettre toutes les nations pacifiques à leur juridiction, dont le but apparent est de nuire à l'ennemi, dont le but réel est de satisfaire l'intérêt mercantile de leurs auteurs, qui, par conséquent, devraient nous donner une législation complète sur le prétendu droit de recherches, sont très peu explicites sur ce sujet... »

Un arrêt du Conseil de France du 26 octobre 1692 reconnaît positivement le droit à l'officier visiteur de faire subir un interrogatoire aux officiers et marins du bâtiment neutre, « interrogatoire faisant même foi contre « la teneur de papiers de bord réguliers ». Or cette mesure est un des actes qui forment ce qu'on appelle les recherches.

Le règlement de 1778 garde sur ce point un silence complet.

L'ordonnance russe du 31 décembre 1787 permet à l'article 6 l'interrogatoire du capitaine et de l'équipage, et, suivant le résultat, elle autorise le visiteur « à ou- « vrir les écoutilles et à faire la visite tant dans le cor- « ridor que dans le fond, mais il y procédera avec « autant d'honnêteté que de précaution pour ne point « endommager le reste des marchandises... » C'est un des rares documents qui aient autorisé formellement ce droit.

Le règlement prussien sur les Prises, de 1864, renferme cependant à peu près les mêmes dispositions :

« ... L'officier chargé de l'enquête, dit l'art. 11, doit « faire ouvrir par le capitaine les endroits clos ou meu- « bles fermés, *s'il juge nécessaire* d'y faire des perqui- « sitions... »

Le règlement italien du 20 mai 1866 défend très formellement les recherches, disposant à l'art. 10, § 3 : « On ne devra pas ouvrir les écoutilles ni rechercher « dans les cales d'autres documents ou les articles sus- « pects... »

La pratique française est favorable à des recherches sommaires.

Hautefeuille a longuement développé son opinion prohibitive de toutes recherches en la basant sur des arguments qui pourraient être sérieux en effet si l'on n'envisageait la question que sous une de ses faces.

Cet auteur n'aime pas la visite. Il lui a refusé la qualité de droit, et il ne la considère que comme un fait. Il revendique hautement la liberté des mers, et il ne se rend pas compte que, si, dans le droit intérieur des peuples, les lois répressives sont nées de la nécessité de circonscrire le domaine des droits naturels de l'homme, afin d'empêcher ce domaine de s'étendre au-delà des bornes permises et d'empiéter sur la liberté d'autrui il en est exactement de même, *a fortiori*, dans le droit international.

Les généreuses théories d'Hautefeuille, ses cris d'amour pour la liberté du commerce neutre, pour l'indépendance absolue de son pavillon, le tout, peint avec la chaleur de cet auteur, séduit beaucoup à première vue : on plaint le pauvre neutre, innocente victime d'une guerre qui lui est étrangère, et l'on maudit ce croiseur qui lui impose les recherches.

Si les neutres avaient toujours observé dans leur négoce, en temps de guerre maritime, la plus stricte neutralité, s'ils avaient joui de la liberté des mers sans chercher à l'exploiter pour des profits illicites contraires au droit des gens, la faisant ainsi dégénérer en licence, nul doute que le droit de recherches ne se fût jamais présenté à l'imagination des hommes.

Il est né, comme toutes les lois de police, d'abus dans l'exercice des droits naturels de l'homme, et, comme toutes les mesures de sûreté publique, comme le droit de visite lui-même, il a pour raison d'être la nécessité d'assurer le respect de ces droits.

La guerre, déclarée entre deux peuples, officiellement notifiée aux autres, devient, de nos jours, je l'ai dit au titre I, une situation de droit, et non plus un état de fait comme dans les temps anciens, situation reconnue d'ailleurs par tous les peuples étrangers. Or, cette situation impose aux nationaux de ces peuples une obligation principale d'où découlent toutes les autres :

c'est celle de rester tiers, c'est-à-dire neutres, complètement étrangers aux opérations des deux parties, et,
comme conséquence immédiate, de répondre au « Qui
vive ! » des croiseurs belligérants par la production de
documents authentiques établissant leur identité.

Les navires des puissances en guerre croisent au
large, afin d'empêcher l'ennemi de ravitailler ses ports
assiégés, de se fournir de munitions de guerre, d'armes..... Un navire paraît à l'horizon ! Quel est-il ?
Le croiseur le chasse. N'en a-t-il pas le droit ? et chacun n'est-il pas libre de se porter partout où il lui plaît
sur la mer libre ? Il l'arrête, il le visite, lui demandant
ses pièces d'identité. Tout ceci est très légitime, et Hautefeuille lui-même est bien forcé de le reconnaître.

Si les papiers sont en règle, le visiteur n'a plus qu'à
se retirer, la visite ayant produit l'effet pour lequel elle
a été instituée : tout le monde est d'accord sur ce point
de nos jours, et aucune puissance n'oserait autoriser
en pareil cas un interrogatoire pouvant faire foi contre
de telles preuves !

Mais les papiers ne sont pas en règle ! il en manque ! Impossible de se rendre compte, par des documents incomplets, absents même, de la nature du chargement, de sa destination, etc... et il faut bien reconnaître qu'en fait cette irrégularité dans les pièces de
bord est la situation la plus fréquente pour les navires
de commerce : bien rares sont ceux dont les papiers
sont toujours conformes aux règlements de leur nation.

L'embarras du croiseur est grand : que doit-il faire ?
Hautefeuille dira : Il doit se retirer, si ses soupçons
sont vagues et peu fondés. S'ils ont une gravité appro-
chant de la certitude d'une fraude, il peut saisir le bâtiment suspect et le soumettre à la procédure ordinaire
des prises.

Mais qui déterminera la limite entre le soupçon
vague et le soupçon grave ? car on doit compter avec le
caractère humain, et il faut bien reconnaître que le
croiseur le plus large dans ses appréciations n'admettra
jamais que les soupçons qu'il a conçus soient quelque
chose de vague. Ils auront toujours à ses yeux quelque
importance, et, par l'effet du développement naturel et
involontaire même de cette idée fixe de fraude, née
dans l'esprit de tout belligérant, ces soupçons pren-
dront vite corps et finiront par lui paraître graves.

Il pourra donc toujours saisir le neutre ! Quelle source
de conflits, et quels abus ainsi nés du désir même d'éviter
les abus !

Et qui donc souffrira le plus de ce système, sinon les
neutres eux-mêmes par suite de cette extension de fait,
sinon de droit, donnée au droit de prise ! La prise ne
sera pas définitive, c'est possible. Le neutre sera admis à prouver par tous moyens sa neutralité devant les
tribunaux du belligérant et il sera relâché.

Parfait ! Mais il n'en résultera pas moins pour lui de
graves préjudices.

Entre deux maux, on choisit généralement le moindre lorsque l'on est condamné à subir nécessairement l'un d'eux. C'est pourquoi j'estime que le droit de recherches doit être admis au même titre que le droit de visite pour reconnaître la qualité neutre du navire suspect, *en cas d'irrégularité des pièces de bord*, sans recourir à la saisie.

En procédant à l'interrogatoire et aux perquisitions, le belligérant n'exerce nullement un droit d'autorité, de juridiction sur un *territoire reconnu neutre*, comme le prétend Hautefeuille, car il se trouve *en pays inconnu* pour lui.

Et le capitaine neutre ne peut s'en plaindre s'il est réellement neutre. Il avait toutes facilités de se soustraire à ces recherches en observant scrupuleusement les règlements de son pays et en produisant des pièces de bord régulières. Il est en faute pour n'avoir pas obéi aux ordres de son souverain. Il en est puni, et il est seul responsable vis-à-vis des armateurs et des chargeurs, des préjudices pouvant résulter de l'exercice des recherches légales conformes à ce que je vais exposer : retards et même dégâts matériels.

Tout en admettant les recherches, j'estime toutefois que le croiseur devrait pouvoir laisser à la libre disposition du neutre le choix entre l'exercice de ce droit, ou une saisie provisoire permettant au neutre de faire lui-même la preuve de sa neutralité devant les tribunaux de prise.

Il est des circonstances, en effet, dans lesquelles le

bâtiment neutre peut préférer avoir affaire à des tribunaux réguliers, malgré les inconvénients de la saisie et
les retards qu'elle occasionnera pour lui, plutôt qu'à
des hommes de mer inconnus, et dont les actes de violence ne pourraient guère être réprimés.

Il nous reste maintenant à considérer la manière dont
doivent se faire des recherches équitables. Il faut dis-
distinguer plusieurs cas.

Les pièces de bord relatives au chargement et à la
destination du navire ont été reconnues parfaitement
régulières. Celles qui concernent la nationalité du navire
et de l'équipage seules font défaut.

En ce cas, le droit naturel défendrait les recherches,
mais l'admission du droit de prise de la propriété privée ennemie permet au visiteur de compléter ses
renseignements. L'interrogatoire de l'équipage et du
capitaine me semble alors le seul moyen pratique. Mais,
dans le cas présent, il ne doit pas être permis à l'officier du croiseur de faire dans la cargaison la moindre
perquisition, puisque les documents qui y sont relatifs
ont été reconnus parfaitement réguliers, et que le visiteur n'a pas le droit de les mettre en doute, ni par
suite d'en vérifier l'exactitude.

Si cet interrogatoire ne produit pas la lumière dési-
rée, l'officier en réfère à son commandant par voie de
signaux ou en retournant à bord, et ce dernier décide
si le navire suspect doit être saisi ou laissé libre de
continuer sa route. Mais, je le répète, aucune perqui-

sition ne doit avoir lieu. Il faudrait cependant excepter le cas où cette mesure serait demandée par le capitaine neutre, désireux de fournir ainsi lui-même, par ce moyen, le complément de démonstration de neutralité que ses pièces de bord ne donnent pas. L'officier visiteur ferait bien alors de faire rédiger cette demande du capitaine par écrit et de la faire contresigner par un officier du bord, afin d'éviter toute réclamation postérieure du neutre contre des perquisitions non justifiées.

Si ce sont les pièces de bord relatives au chargement qui sont irrégulières, l'officier du croiseur est autorisé à visiter la cargaison. Cette opération doit se faire en présence du capitaine, sous sa direction et avec tous les ménagements possibles. L'officier ne peut toucher à rien, ni par lui ni par ses hommes. C'est le capitaine qui doit donner les ordres nécessaires pour que toutes les parties de son navire et toutes les caisses, ballots, etc... que l'officier désirera inspecter soient ouverts devant lui. Ce dernier peut également procéder à un interrogatoire sommaire du capitaine et de l'équipage.

D'un autre côté, si ce dernier refuse de prêter son concours, il s'expose à la saisie, car il semble justifier les soupçons. Mais on n'a pas le droit de procéder par la force aux recherches, ce qui n'est d'ailleurs pas nécessaire.

L'article 14 du projet de règlement international de

1887 est sur ce point d'un avis différent et il déclare que « *la recherche peut être opérée de force* ».

Cette disposition me semble devoir être, dans la pratique, la source de regrettables conflits, sans pouvoir apporter aucun avantage aux belligérants. Il ne faut pas oublier en effet que le croiseur n'a pu envoyer que trois hommes au plus à bord du navire neutre, et ce sont ces trois hommes, isolés au milieu de tout un équipage, sur un bâtiment inconnu, éloignés d'environ 2 à 3 milles de leur bateau, qui auraient la prétention d'imposer par la force leur volonté ! Ce système est inadmissible et doit être rejeté de la façon la plus absolue.

La saisie, consistant en une simple déclaration au capitaine du navire suspect, ne présente pas les mêmes inconvénients et n'implique nullement l'emploi de la force de la part de l'officier visiteur.

Ce même règlement de 1887 permet également de procéder aux recherches en certains cas, malgré la production de pièces de bord parfaitement régulières. Nous avons démontré combien ce système était contraire au droit des gens et au respect de la souveraineté des États. Nous n'y reviendrons pas.

CHAPITRE VI

SANCTION DE LA VISITE.

La visite opérée, avec ou sans recherches, il me reste à examiner les conséquences qui doivent en résulter, en jetant un coup d'œil sur certains incidents qui peuvent se produire pendant le cours de cette procédure.

Si les opérations effectuées à bord du navire arrêté démontrent la parfaite neutralité du navire, il est libre de continuer son voyage. L'officier visiteur lui délivre alors un papier, signé de lui, revêtu du timbre ou cachet de son bâtiment, attestant que tel jour, dans tel lieu, il a été visité par tel croiseur. Il se contentera même généralement d'enregistrer les résultats de la visite à laquelle il a procédé sur le livre de bord du neutre ou sur son acte de nationalité. Ce document sera pour ce dernier d'une grande utilité : il lui épargnera les ennuis d'une seconde visite dans le cours du même voyage.

En cas de blocus, cette attestation écrite de l'officier visiteur devra contenir une notification personnelle de l'état de blocus au navire neutre, notification reconnue nécessaire aujourd'hui par le droit international positif pour légitimer une prise faite sous prétexte de violation de blocus.

Dans le cas où les recherches aggravent encore les soupçons de l'officier visiteur, sans cependant établir la certitude que le navire suspect se trouve susceptible de prise, cet officier revient à son bord pour en référer à son commandant. Celui-ci signale alors au navire neutre de le suivre au mouillage ou de continuer sa route.

C'est ainsi qu'agissaient les croiseurs de l'escadre de l'amiral Courbet durant le blocus des côtes de Chine en 1884.

Au cas où l'officier du croiseur croit devoir saisir le navire arrêté, il le déclare au capitaine. Puis il s'empare de tous les papiers de bord, en dresse un double inventaire, et les enferme dans un coffre ou un sac. Le capitaine est alors requis de signer les inventaires dont un double lui est remis, et de sceller avec son cachet le paquet contenant les papiers de bord.

Il est ensuite dressé procès-verbal des causes de la saisie et des circonstances qui l'ont accompagnée : le même capitaine est appelé à le signer.

Dans cette position, le navire est saisi, mais il n'est pas encore pris, il n'a pas changé de maître. L'officier du croiseur doit donc s'abstenir non seulement de tout acte de violence envers les personnes, mais encore de toute déprédation contre le navire et la cargaison. Il ne doit ouvrir, rompre, ni briser aucun colis, quel qu'il soit.

Son devoir est de veiller à ce que les hommes qui l'accompagnent ne commettent aucun vol ou larcin au préjudice du navire saisi.

Enfin, il fait fermer et sceller les panneaux, les cales, les armoires, les portes de tous les lieux où se trouvent les marchandises, et les clefs sont enlevées.

Le commandant du croiseur envoie alors un personnel suffisant pour assurer la manœuvre du bâtiment, tenir en respect l'équipage, et le conduire, autant que possible dans un des ports de la nation du saisissant, où les tribunaux constitués à cet effet statuent sur la validité de la prise.

Pour en finir avec la procédure de la visite, il nous reste deux faits à examiner rapidement au point de vue des conséquences qu'ils peuvent entraîner *ipso jure* pour le navire arrêté. Ce sont : la destruction de papiers (dûment prouvée) à l'approche du croiseur, et l'absence totale de pièces de bord.

Les règlements intérieurs des Etats et la vieille pratique des nations admettent que dans ces circonstances, la visite est inutile, et que la simple constatation de ces faits entraîne de plein droit saisie et confiscation du navire, alors même qu'il établirait, devant le tribunal des prises, sa parfaite neutralité et l'innocuité de son chargement.

Nous ne saurions approuver cette jurisprudence.

Il est difficile, en effet, de trouver en ces causes, indépendamment de toute autre raison, une explication valable d'une telle rigueur. En quoi, je le demande, la destruction de papiers quels qu'ils soient, par un neutre, c'est-à-dire par un homme libre et indépendant du belligérant, peut-elle porter à ce dernier un préjudice réel, direct et suffisant pour motiver l'exercice du plus rigoureux droit de la guerre.

La visite, avec ou sans recherches, ou même la procédure devant le tribunal des prises suffiront à assurer une pleine lumière sur les griefs reprochés au navire suspect. De quel droit châtierait-on un innocent pour une faute qu'il n'a pas commise ?

La même solution doit être admise pour l'absence totale de pièces de bord.

Elle a d'ailleurs été parfois reconnue dans quelques traités, notamment en 1786, entre la France et l'Angleterre.

TITRE IV

DOMAINE ET LIMITES DU DROIT DE VISITE.

Nous venons d'étudier le droit de visite dans son essence, dans son histoire et dans sa procédure, d'une façon générale, sans nous arrêter à toutes les circonstances de personnes, de temps et de lieux qui peuvent en modifier l'exercice. Il nous reste maintenant à circonscrire, par rapport aux trois éléments que nous venons de signaler, le domaine de ce droit.

Nous avons établi, au titre Ier, que la visite était un droit accessoire destiné à assurer l'observation des droits, ou mieux, de certaines lois de la guerre. Il en résulte que toute modification de fond de ces lois entraîne nécessairement une modification correspondante de la visite. C'est ainsi que la disposition du § 2 de la Déclation de Paris, décidant que le pavillon neutre « couvre la marchandise ennemie », a restreint considérablement l'exercice du droit de visite.

Du moment que le navire arrêté a bien et dûment établi sa nationalité neutre et la nature licite de son chargement, les belligérants n'ont plus le droit de

s'enquérir de la nationalité du propriétaire de ce chargement ; quel qu'il soit, neutre ou ennemi, il se trouve
à l'abri de toutes recherches.

Ceci dit, examinons maintenant quelles sont les personnes capables de l'exercice de ce droit et celles qui
s'y trouvent soumises. Naturellement, nous n'entendons
pas ici, par personnes, des êtres humains individuels,
mais bien des agglomérations d'hommes réunis sur un
bâtiment de mer, fragment de l'État souverain, et constituant des personnes juridiques.

Depuis l'abolition de la course, par le § 1 de la Déclaration de Paris du 16 avril 1856, la visite ne peut plus
être exercée entre les puissances contractantes que par
les seuls bâtiments de guerre.

Mais à l'égard des nations qui n'ont pas voulu reconnaître cette règle, comme l'Espagne, les États-
Unis...., il faut établir que le neutre, avant de se soumettre à la visite d'un corsaire, qui, après tout, pourrait
bien n'être qu'un pirate, a le droit de se faire présenter
les *lettres de marque* autorisant le capitaine corsaire
à prendre la qualité de bâtiment officiel de combat : et
cela en vertu de la vulgaire maxime : « *Probatio
incumbit ei qui agit* ».

A défaut de la production de ces pièces, le neutre peut
légalement refuser de se laisser visiter ; la saisie résultant de ce refus ne pourrait être validée, et des dommages-intérêts seraient dûs par le capitaine corsaire,

même dans le cas où il se serait contenté d'opérer une simple visite sans recherches, laissant ensuite le neutre libre de continuer sa route.

D'ailleurs, avant 1856, les corsaires n'ont pas toujours joui sur ce point de toutes les prérogatives des bâtiments de guerre. Dans la convention maritime de St-Pétersbourg du 17 juin 1801, entre l'Angleterre et la Russie, nous avons vu que les parties contractantes, tout en admettant l'exercice du droit de visite sur les bâtiments convoyés, déclaraient que ce droit serait alors réservé aux seuls navires de guerre, à l'exclusion des corsaires.

La même convention exige d'ailleurs que ceux-ci exhibent leurs lettres de marque avant de procéder à la visite d'un navire neutre hors convoi, et cette règle fut encore suivie tout dernièrement lors de la guerre de Sécession des États-Unis.

Le commandant Ortolan objecte qu'il serait souverainement imprudent, de la part du capitaine corsaire, d'abandonner ses lettres de marque sur une embarcation et qu'on ne saurait l'y obliger. Cet écrivain, comme officier de marine, n'a guère que le souci de l'intérêt des belligérants, et il leur sacrifie trop volontiers les neutres, les marchands. A son observation je ferai la même réponse que celle précédemment faite sur la question de la distance à garder entre les deux bâtiments lors de la visite. Si le corsaire estime qu'il y a danger pour lui de perdre ses lettres de marque en les

envoyant à bord du neutre, il s'abstiendra de le visiter.
Mais ce dernier ne peut être contraint de se soumettre
à un inconnu, dont l'aspect extérieur ne ressemblerait
pas le plus souvent à un navire de guerre proprement
dit, et qui pourrait fort bien n'être qu'un voleur de mer
profitant de la guerre actuellement en cours pour se
livrer à des opérations commerciales lucratives sur les
marines de commerce. Il y a là pour le neutre un droit
de légitime défense, et il faut nécessairement le lui reconnaître, comme on reconnaît à tout citoyen le droit
de jeter à la porte l'individu qui, sans mandat régulier,
viendrait se présenter chez lui pour perquisitionner en
qualité d'officier de police.

Une autre question a été soulevée, relativement aux
corsaires, durant la guerre de Sécession. On a demandé
pour les bâtiments de guerre neutres le droit de les
visiter afin de se faire exhiber leurs lettres de marque,
et de s'assurer ainsi qu'ils ne faisaient pas acte de piraterie : cette mesure devait être une mesure de protection pour le commerce des neutres. Elle ne fut pas admise, et avec raison, car un tel droit ne rentre nullement dans le cadre du droit de visite. Et, en donnant à
un droit nécessité par l'intérêt de la défense une extension hors de proportion avec les causes qui en ont
établi la légitimité, on tombe dans l'arbitraire et on
donne naissance à une foule de difficultés. Tout au plus
pourrait-on admettre, comme le firent l'Angleterre et
les États-Unis, l'intervention d'un navire de guerre

neutre de la nation du bâtiment visité, lorsque cette visite serait faite par un corsaire et qu'un croiseur neutre se trouverait sur les lieux.

La visite, nous l'avons dit, ne peut être exercée que sur les navires de commerce et jamais sur les navires de la marine de guerre.

Il y a cependant certaines catégories de bâtiments de mer qui, tout en faisant partie de la marine marchande, soit par leur nature, soit par les conditions dans lesquelles ils se trouvent temporairement, participent, dans une certaine mesure, au caractère officiel des navires de guerre : ce sont les bâtiments hospitaliers, les paquebots-poste et surtout les convois escortés par un navire de guerre.

Je traiterai au titre suivant l'importante question des convois, qui nécessite un développement spécial.

Les navires hospitaliers et les paquebots-poste sont-ils soumis à la visite ? Et, en cas d'affirmative, quel mode de visite convient-il de leur faire subir pour garantir le droit de défense des belligérants sans offenser les principes du droit naturel ?

— Le 20 octobre 1868, un projet d'articles additionnels à la Convention de 1864 sur les militaires blessés en campagne fut voté à Genève (1) par les commissaires dûment autorisés de la plupart des gouvernements

---

(1) Calvo, t. IV, p. 329.

européens, relativement aux navires chargés du transport des blessés et malades en temps de guerre maritime. Ces articles distinguent les bâtiments appartenant
en propre aux États belligérants comme hôpitaux militaires, et les bâtiments de la marine de commerce
affectés momentanément à ce service.

Les premiers, propriété de l'État ennemi, restent soumis aux lois générales de la guerre : ils sont donc susceptibles de prise, avec cette restriction toutefois que
le capteur ne pourra les détourner de leur affectation
spéciale pendant la durée de guerre (art. 9).

Cette règle barbare devrait d'ailleurs disparaître du
droit positif des peuples civilisés ; mais ce pas dans la
voie de l'équité n'est pas encore fait.

Dans ces conditions, les croiseurs ennemis pouvant
s'emparer de ces navires, n'ont guère besoin de les visiter au préalable, d'autant mieux que leur identité est
officiellement établie par une peinture extérieure blanche
avec une ligne de batterie verte, et qu'un pavillon blanc à
croix rouge accompagne leur pavillon national (art. 12).

Mais le même rôle, dans les guerres navales, est parfois rempli par des navires marchands servant temporairement au transport des blessés et des malades. Ces
navires, à quelque nation qu'ils appartiennent, sont
alors neutralisés en droit et ne peuvent être pris (art.
12).

Arrêtés par un croiseur, ils doivent répondre au coup
de semonce en hissant le pavillon blanc à croix rouge

avec leurs couleurs nationales. Ils ne sont cependant
pas exempts de la visite. Le croiseur peut envoyer à
leur bord un officier pour contrôler la sincérité du
double pavillon qu'ils ont arboré, et vérifier s'ils ne
portent pas quelque contrebande de guerre (art. 10).

Cette visite aura même alors une conséquence spéciale. Le seul fait de sa notification sur le journal de
bord de ce navire rendra les blessés et malades inca-
pables de servir pendant la durée de la guerre ; et, pour
assurer l'exécution de cette obligation, le croiseur aura
même le droit de mettre à bord un commissaire qui
accompagnera le convoi (art. 10).

Il faut reconnaître d'ailleurs que la neutralité con-
ventionnelle de ce bâtiment produit, relativement à son
chargement, les mêmes effets qu'une neutralité véritable et qu'on doit lui appliquer la règle de la déclaration de Paris : « Le pavillon neutre couvre la marchan-
« dise ennemie, à l'exception toutefois de la contre-
« bande de guerre ».

— La visite des paquebots-poste a soulevé à diverses
époques de grandes difficultés. Le service des dépêches
et des voyageurs effectué par ces bâtiments touche à
un des points les plus essentiels des relations des peuples : ce sont en quelque sorte les vaisseaux qui con-
duisent non seulement la vie matérielle dans le corps
commercial universel, mais aussi la vie intellectuelle
dans le corps social tout entier. L'arrêt, et même la
simple visite de ces bâtiments, dans les conditions géné-

rales de la procédure précédemment exposée, occasionneraient aux neutres de graves préjudices par suite des
retards apportés à la marche des courriers.

« Bien qu'ils ne portent que le pavillon d'un seul
peuple, dit Cauchy, leur service se rattache à la vie
morale et intellectuelle de tous les peuples civilisés.....
S'il y a quelque part un terrain neutre par excellence,
c'est bien le pont de ces paquebots... et ne serait-il
pas temps que les nations marchandes arrivassent à
exempter de la visite les paquebots-poste réguliers munis de congés authentiques d'un prince neutre? »

Les peuples civilisés ont depuis longtemps compris
cette nécessité et admis, pour ces bâtiments des règles
spéciales en temps de guerre maritime.

Nous avons vu plus haut (p. 29) que la question
avait déjà été soulevée lors de la guerre de la succession
d'Espagne survenue en 1703 entre la reine Anne de la
Grande-Bretagne et le roi Louis XIV. Les paquebots
anglais avaient été autorisés à continuer leur service
entre Douvres et Calais, à la condition formelle qu'ils
n'apporteraient ni marchandises ni passagers, mais
les lettres. Les commandants de ces navires, estimant que
leur situation quasi-officielle présentait au gouvernement français une garantie suffisante du respect de
cette convention, refusèrent de se laisser visiter (lisez
recherches) du moment que leur identité avait été établie. Les négociations qui suivirent leur donnèrent
raison.

Malgré ce précédent, dit Cauchy, la question, aurait probablement traîné bien longtemps sans solution dans les cartons des chancelleries de l'Ancien et du Nouveau-Monde, lorsqu'un incident étrange, inattendu, la fit surgir tout à coup du domaine abstrait du droit naturel, et provoqua, de la part des Etats-Unis, de l'Angleterre, et même de la France, des déclarations formelles de principe.

Pendant la guerre de Sécession, le paquebot anglais le *Trent*, en route pour l'Europe, avait pris à la Havane, comme passagers, deux envoyés du gouvernement confédéré du Sud qui avaient pour mission de chercher à intéresser la France et l'Angleterre à la cause de leur pays. Le 7 novembre 1861, quelques heures avant d'arriver à Nassau, le *Trent* fut arrêté par le croiseur nordiste *San-Jacinto*, commandé par M. Wilkes. Ce dernier, sans tenir aucun compte des protestations du capitaine du paquebot, fit faire à son bord des perquisitions qui amenèrent l'arrestation des deux émissaires sudistes. Le *Trent* fut ensuite laissé libre de continuer sa route.

Cet incident souleva, de la part de l'Angleterre, les plus vives protestations. Lord Russel, alors à la tête du Foreing-Office, demanda aux Etats du Nord, par l'intermédiaire de son ministre, lord Lyons, une réparation et des excuses officielles.

M. Seward déclara, au nom du gouvernement de Washington, que les personnes arrêtées *formaient de la contrebande de guerre*, et que par suite le capi-

taine Wilkes, connaissant leur présence à bord du
Trent, avait légalement pu arrêter et visiter ce bâtiment.

Lord Russel répondit le 23 janvier 1862 : « Un peu-
« ple neutre, d'après Vattel, conserve avec les deux
« partis qui se font la guerre les relations que la na-
« ture a mises entre les nations..... Or, au premier
« rang de ces relations, est la communication diploma-
« tique, soit par l'échange de dépêches, soit par l'en-
« voi d'ambassadeurs de gouvernement à gouverne-
« ment...... Le transport d'agents publics de ce carac-
« tère, à bord du *Trent*, de la Havane à Saint-Thomas,
« en route pour l'Angleterre et la France, et de leurs
« dépêches s'ils en avaient, n'était pas et ne pouvait
« pas être une violation des droits de la neutralité de
« la part de ce navire..... Ces personnes et ces dépê-
« ches, destinées à des pays neutres, ne pouvaient for-
« mer de la contrebande..... »

Le ministre des affaires étrangères de France,
M. Thouvenel, écrivait dans le même sens au cabinet
de Washington, le 3 décembre 1861, ajoutant que « la
« liberté du pavillon neutre devait s'étendre aux per-
« sonnes trouvées à bord, fussent-elles ennemies ».

Et lord Russel ajoutait également : « Quoique les pa-
« quebots-poste ne soient pas exempts de la visite, en
« l'absence de stipulations et de traités.... Cependant,
« dans l'accomplissement ordinaire et pacifique de
« leurs fonctions, qui consistent à transporter les cor-

« respondances et les personnes, ils ont droit à la pro-
« tection de tous les gouvernements au service des-
« quels ils sont employés. Vouloir les retenir, les arrê-
« ter en chemin, et empêcher en toute manière leur
« service, sans avoir de graves motifs, ce serait l'acte
« le plus coupable et le plus préjudiciable, non seule-
« ment pour un grand nombre de personnes privées,
« mais pour les intérêts publics de l'État neutre et
« ami ». Ainsi, continue Fiore, tandis que lord Russel,
généralisant la question, reconnaissait qu'il est de
l'intérêt international d'exempter les bateaux-poste
de la visite, il admettait qu'ils n'avaient pas le droit
d'en être exempts, à défaut d'une convention et d'un
traité.

Depuis lors, un grand nombre de ces traités ont convenu d'adopter, pour la visite des paquebots-poste, un
mode spécial susceptible de garantir le droit de défense
des belligérants tout en respectant dans une plus large
mesure l'immunité de ces bâtiments.

Ces actes trouvent leur plus parfaite expression dans
l'art. 17 du projet de règlement du droit de visite adopté
par l'Institut international en 1887. Je me contenterai
donc de citer ce texte auquel je me rallie à tous égards,
comme conforme aux principes que j'ai développés :

« Si le navire à visiter est un paquebot-poste, il ne
« sera pas visité si le commissaire du gouvernement
« dont il porte le pavillon, se trouvant à son bord, dé-
« clare par écrit que le paquebot ne transporte ni des

« dépêches, ni des troupes pour l'ennemi, ni de la
« contrebande de guerre pour le compte et à destina-
« tion de l'ennemi ».

Cet agent, qui se trouve aujourd'hui à bord de tous les
paquebots, est, en effet, le délégué officiel de la puissance souveraine, et sa parole d'honneur doit être réputée sincère à l'égal de la parole même de l'État qu'il
représente.

Ainsi limité quant aux personnes qui peuvent l'exercer et qui y sont soumises, le droit de visite doit être
également soumis à certaines restrictions, relativement
au temps dans lequel il peut être exercé.

Comme nous l'avons longuement exposé au titre Ier,
ce droit, né de la nécessité d'assurer l'observation de
certaines lois de la guerre, ne peut exister que dans le
temps de guerre, car c'est alors seulement que les principes de neutralité, de contrebande de guerre, de blocus
peuvent être agités. Et, d'autre part, comme la guerre
n'existe, par rapport aux neutres, que lorsqu'une notification officielle leur en a été faite, il s'ensuit qu'aucun
navire ne peut être légalement visité avant cette notification de l'ouverture des hostilités. A partir de ce
moment, ce droit peut donc être exercé, et cela jusqu'à
la conclusion de la paix définitive.

Il faut donc admettre que la visite est légitime même
pendant un armistice ; et, en effet, l'armistice ne fait
point cesser l'état de guerre, état de droit... Son but

est uniquement la cessation des hostilités de fait, dans la mesure limitativement prévue par le contrat. Tous les autres droits accessoires des droits de guerre subsistent donc, et, par suite, la visite.

Cette solution est d'ailleurs justifiée par la nécessité. Car, bien que les armistices soient généralement de très courte durée par rapport à la guerre elle-même, si le commerce des neutres avait alors pu s'exercer librement sans redouter aucun contrôle, les commerçants, assez âpres au gain, auraient certainement trouvé le temps, dans ce moment de répit, de se livrer au commerce si lucratif de la contrebande de guerre. La suspension de la visite en eût été le signal. Il en serait donc résulté la plus grave atteinte aux droits de défense des belligérants, et le but qu'on s'était proposé en admettant l'exercice de ce droit, dès le début de la guerre, n'eût été nullement rempli.

Enfin, en troisième lieu, le droit de visite doit être délimité par rapport aux lieux dans lesquels il peut être exercé.

La règle très justement admise par tous les peuples est que la visite ne peut avoir lieu que dans les eaux territoriales des belligérants et dans la haute mer. Encore, sur ce dernier point, quelques auteurs, et notamment Blünstchli, ont-ils émis le vœu qu'elle ne fût permise que là où elle pouvait raisonnablement être utile, et interdite dans les mers lointaines. Il est certain que cette proposition est fort équitable et rentre parfaitement dans le cadre des obligations du droit naturel auxquelles doit répondre le droit de visite.

Si le respect de la propriété privée était une règle du droit international maritime, si la visite avait pour unique objet de rechercher la contrebande de guerre et d'empêcher la violation d'un blocus effectif, il est évident que, dans les mers lointaines, elle ne serait qu'une mesure inutile, donc illégitime et vexatoire.

Mais le droit positif admettant la prise des vaisseaux marchands ennemis, il faut bien qu'il accorde également aux belligérants le droit de les rechercher dans les mers lointaines comme dans les mers territoriales.

Cependant la plupart des règlements intérieurs des peuples recommandent aujourd'hui d'exercer la visite avec une grande circonspection dans les lieux éloignés du théâtre de la guerre. « Bien que ce droit soit illimité quant aux parages, disait l'amiral Rigault de Genouilly dans les instructions qu'il donna à la marine française le 25 juillet 1870, je vous recommande cependant expressément de ne l'exercer que dans les parages et dans les circonstances où vous auriez des motifs fondés de supposer qu'il peut amener la saisie du bâtiment visité ».

L'art. 10 du décret italien du 20 juin 1866 contient exactement la même recommandation.

Ainsi il faut reconnaître un abus certain de l'exercice du droit de visite dans l'incident suivant rapporté par

Pérels : « Pendant la guerre entre la Turquie et la Rus-
« sie, le 25 juillet 1877, une canonnière russe arrêta
« le brick allemand « *Océanus* » sur la côte japonaise,
« et il envoya un officier et des hommes à bord pour
« examiner les papiers et se renseigner exactement sur
« la cargaison. » Or, il est notoire que les navires marchands turcs ne fréquentent pas les mers du Japon, et
quant à la marine de guerre ottomane, son état de
délabrement ne lui permettrait guère une croisière
aussi lointaine (1). Dans ces circonstances, le commandant russe ne pouvait pas raisonnablement supposer
que le navire allemand transportât de la contrebande
de guerre pour la Turquie, ou fût en voie de lui prêter
une assistance défendue. La visite était donc parfaitement inutile, et le commandant russe dut être sévèrement blâmé, sa conduite étant contraire au but de ce
droit.

Toutefois les seuls lieux où le droit de visite se trouve
formellement interdit sont les eaux territoriales des
puissances neutres.

Qu'entend-on donc par eaux territoriales ?

Ce sont les mers qui baignent les côtes des Etats. Mais
ceux-ci ne sont pas d'accord pour en fixer l'étendue.
L'opinion la plus généralement partagée, admise d'ail-

---

(1) En 1889, un navire de guerre turc portant des présents du
Sultan au Mikado, se perdit corps et biens dans les mers du sud de la
Chine, par suite de son état de vétusté.

leurs par la France et l'Angleterre est que la mer territoriale est limitée à la portion qui peut être protégée
par la plus grande portée du canon : on l'a fixée con-
ventionnellement à trois milles à partir de la laisse de
basse mer.

Un ukase de l'empereur de Russie, du 16 septembre
1821, sur les limites maritimes de la Sibérie et de l'Amérique russe, fixe à cent milles les limites de la mer
territoriale. Diverses ordonnances des rois de Danemark fixent à quinze lieues l'étendue de la mer réservée
sur les côtes du Groenland, et à dix milles sur les côtes
d'Islande (1).

Ces diverses prétentions n'ont jamais été reconnues ni par la France ni par l'Angleterre. Ces deux
puissances fixèrent cette distance à trois milles par une
convention sur la pêche côtière, du 2 août 1839. Le
même chiffre a été adopté dans les instructions ministérielles de 1870. Et, plus récemment encore, une convention signée à La Haye, le 6 mai 1882, et ratifiée le
15 mars 1884, entre la France, l'Allemagne, la Belgique,
le Danemark, l'Angleterre et les Pays-Bas, pour régler
la police de la pêche dans la mer du Nord, a adopté les
mêmes limites (art. 2) : « La mer territoriale s'étendra
« dans un rayon de trois milles à partir de la laisse de
« basse mer, le long de toute l'étendue des côtes du
« continent ainsi que des îles et des bancs qui en

(1) Barboux, *Jurisprudence du Conseil des prises*, p. 65.

9

« dépendent. Pour les baies, le rayon de trois milles
« sera mesuré à partir d'une ligne droite, tirée au tra-
« vers de la baie, dans la partie la plus rapprochée de
« l'entrée, au premier point où l'ouverture n'excèdera
« pas dix milles » (1).

Ce traité contient donc une sorte de consécration
internationale du système franco-anglais, et les croiseurs des puissances belligérantes devront respecter
tous les navires qui seront éloignés de moins de trois
milles des côtes d'un État neutre au moment même où
ils tireront le coup de semonce.

(1) Dalloz, Pér., 84. 4. 88.

TITRE V

VISITE DES CONVOIS.

En parlant tout à l'heure des diverses catégories de navires soumis à la visite, j'ai dû réserver, vu l'importance du sujet, un chapitre spécial pour l'étude de l'exercice de ce droit relativement aux navires de commerce naviguant de conserve sous l'escorte d'un vaisseau de guerre de leur nation.

C'est là la célèbre question des « convois maritimes » qui a si longtemps soulevé, et particulièrement à la fin du siècle dernier, les plus graves difficultés du droit international.

Nous allons l'examiner en détail, étudier ses origines, son but, jeter un coup d'œil sur les différents incidents historiques qu'elle a fait naître depuis son éclosion dans le droit positif, et, tirant de ces faits l'enseignement du droit, nous établirons plus solidement les bases sur lesquelles elle doit reposer.

CHAPITRE PREMIER

GÉNÉRALITÉS. — ORIGINES.

Nous avons vu que les navires de guerre commandés par des officiers de la marine militaire jouissent de la plus complète immunité en ce qui touche à la visite. Leur commandant est un délégué, un représentant de souverain. Toute sa conduite, tous ses actes en temps de guerre maritime étrangère ont la même valeur que la conduite et que les actes de souverain. Par suite, du moment que ce dernier a déclaré sa volonté de rester neutre au milieu des hostilités en cours, les actes des commandants de ses navires ne sauraient être suspectés. La parole de ces officiers, équivalent de la parole même de la puissance neutre, présente donc, aux yeux des peuples civilisés, la plus complète garantie de sincérité.

Il est donc tout naturel que les peuples commerçants aient depuis longtemps songé à faire bénéficier leur commerce de ces avantages. En plaçant ses navires marchands sous la garantie de la parole du commandant d'un navire de guerre, c'est l'État neutre lui-même qui affirme solennellement aux belligérants le respect, par ces bateaux, de la neutralité.

Nous avons vu que la visite devait nécessairement se

borner à l'examen des papiers, surtout si ces papiers étaient réguliers et conformes aux règlements. Or, la déclaration du commandant escorteur relativement à la nature et à la destination du chargement des navires convoyés, à la propriété même de ces navires, ne vaut-elle pas mieux que tous ces documents? Et dès lors les belligérants sont-il fondés, sous le vain prétexte de la nécessité de leur défense, à pousser plus loin leur investigation ?

Il semble qu'une situation aussi claire, aussi nette, en présence surtout de la règle de tout temps et universellement admise de l'exemption de la visite pour les navires de guerre, n'aurait jamais dû rencontrer la moindre difficulté dans le champ des relations internationales, tant étaient grands les avantages qui en résultaient et pour les belligérants et pour les neutres.

Malheureusement, l'histoire de l'éclosion du droit positif reconnu en cette matière par la généralité des peuples n'est point du tout conforme à ces déductions de la saine raison, et, depuis le XVIIe siècle, la question des convois a fait naître de graves conflits.

L'usage des escortes sur mer remonte aux temps les plus anciens. Avant même la formation des flottes de guerre, les navires de commerce se prêtaient mutuellement ce bon office en marchant de conserve, et quelquefois, « en se tenant par le câble (1) ».

(1) Cauchy, II, p. 224.

C'est surtout contre les attaques des pirates qu'au
moyen âge on forma ces associations défensives.
Plusieurs vaisseaux se réunissaient pour former ce
qu'on appelait une *amirauté* ; ils se choisissaient un
chef qu'on appelait *amiral*. On formait de la sorte
une société dont les conditions étaient consignées dans
un acte écrit, connu sous le nom de *lettre d'amirauté* (1).

Ces associations, à la fois maritimes et commerciales,
se donnèrent même toute une législation propre qui
ajoutait à leur caractère mercantile celui des arme-
ments en guerre, ainsi qu'on le voit notamment par les
lois de Wysby, par les règlements d'Enchuysen, par la
célèbre et puissante ligue maritime qui se constitua au
XIIIe siècle sous le nom de Ligue hanséatique (2).
Cette dernière association est comme le point intermédiaire qui sépare le convoi moderne des anciennes
expéditions nautiques.

Lorsque les corps politiques se furent formés, que le
pouvoir monarchique eut remplacé le système du
moyen âge où chacun se défendait soi-même, les gouvernements se chargèrent de former eux-mêmes les
convois, de protéger eux-mêmes les bâtiments marchands de leurs ressortissants contre les attaques des

(1) Gessner, p. 318.

(2) Calvo, t. V, p. 226.

pirates et l'arrogance des corsaires (1). Il est même à croire que l'un des premiers emplois auxquels on appliqua les forces navales nouvellement organisées dans les États maritimes fut d'escorter les navires marchands pendant la guerre, pour les défendre au besoin contre d'injustes entreprises.

Cette protection armée, dit Cauchy (2), s'étendait naturellement à toutes les sortes d'avaries auxquelles le commerce pouvait se trouver exposé de la part des belligérants ; et, le droit de visite ayant été souvent exercé, surtout par les corsaires, sous une forme pleine de violence et d'outrage, la pensée vint aux souverains de soutenir que les navires de commerce neutres, marchant sous l'escorte d'un bâtiment de guerre, devaient être exemptés de cette formalité du droit des gens, à la charge, par le commandant militaire du convoi, de déclarer sur son honneur que ces navires appartenaient à sa nation et ne transportaient ni contrebande de guerre, ni personnel, ni marchandises ennemies.

(1) Pohls, p. 1197, rapporté dans Gessner.

(2) P. 225, tome II.

CHAPITRE II

DÉVELOPPEMENTS HISTORIQUES DE LA QUESTION. — INCIDENTS PRINCIPAUX.

C'est au milieu du XVIIe siècle, pendant la guerre entre l'Angleterre et la Hollande, que l'on trouve la plus ancienne application du convoi dans le but bien déterminé de soustraire les navires marchands neutres à la visite des belligérants, en rendant inutile l'exercice de ce droit. Ces deux puissances, qui se disputaient alors la suprématie des mers, cherchaient à profiter de la guerre qu'elles se faisaient l'une à l'autre pour opprimer, supprimer même si possible le commerce maritime des neutres.

Dans une instruction promulguée le 16 avril 1653, la reine Christine de Suède, dont les sujets avaient alors un commerce très florissant, résolut de les mettre à l'abri de ces vexations incessantes. Elle leur prescrivit de grouper leurs navires sous l'escorte de bâtiments de guerre qui eurent l'ordre de s'opposer, même par la force, à toute tentative de visite des navires placés sous leur protection. La prompte conclusion de la paix et les complications politiques qui suivirent bientôt en

Suède mirent obstacle à ce que ces mesures énergiques reçussent même un commencement d'exécution (1).

Deux ans plus tard, à la suite de la guerre qu'ils venaient de soutenir contre l'Angleterre, les Hollandais essayèrent d'obtenir du Protecteur Cromwel, dans leur traité de paix, la reconnaissance de l'inviolabilité des convois. Les négociations furent très longues et donnèrent lieu à de vives discussions auxquelles prirent part les savants et les hommes d'Etat des deux pays. « Les « Etats Généraux, écrivait le négociateur anglais, ont « ici l'intention de frustrer le Protecteur de son droit « de visite, et ceci par l'emploi de convois de forces « suffisantes ; et, par ce moyen, ils veulent attirer tout « le commerce à eux seuls et à leurs vaisseaux (2). »

La visite était considérée en Angleterre comme un attribut de la suprématie maritime et surtout comme un puissant moyen de domination sur les neutres ; le gouvernement de Cromwel refusa par suite toute concession sur ce point.

Les Etats Généraux qui, pendant le cours des négociations, avaient toléré la visite des convois, se décidèrent alors à adopter les instructions qui avaient été rédigées le 3 septembre 1656 pour l'amiral Ruyter, par les amirautés d'Amsterdam et de Rotterdam, et prescrivirent aux navires de guerre escortant leurs convois de

---

(1) Calvo, V, § 2973.

(2) Thurloe's, *State papers*, t. V, rapporté dans Hautefeuille.

s'opposer par la force à la visite. Cet ordre amena un conflit entre un convoi escorté par Ruyter et une division anglaise qui, trop faible pour tenter les chances d'un combat, dut renoncer à la visite et se contenter de la parole de l'amiral hollandais que les navires convoyés ne portaient aucune propriété espagnole.

Pour mettre un terme aux souffrances de son commerce maritime, et sans d'ailleurs abandonner le principe qu'elle avait si justement revendiqué, la Hollande se décida à transiger et admit que les bâtiments convoyeurs seraient tenus d'exhiber les papiers de bord des navires placés sous leur escorte, mais que ce ne serait que dans le cas où le croiseur belligérant constaterait des irrégularités dans la forme de ces pièces qu'il aurait la faculté de visiter le navire suspect : il pourrait même alors, au besoin, s'en emparer pour l'amener dans un port de son pays et l'y déférer aux tribunaux compétents (1).

Il faut reconnaître toutefois que, durant leurs propres guerres maritimes, les Hollandais furent moins larges vis-à-vis des neutres et se laissèrent aller souvent à réclamer pour eux-mêmes l'exercice absolu du droit de visite sur les bâtiments convoyés.

Le traité de 1666 ne parle pas des convois.

Vers la fin du XVIIe siècle, le roi de Danemark, Christian V, réglementa cette question dans son Code

(1) Calvo, § 2974.

maritime de 1683. On lit au ch. VII, art. 3 : « S'il y a,
« parmi ces navires marchands naviguant en convoi,
« un navire armé, il doit hisser le pavillon et défendre
« les autres, en ne permettant pas qu'un navire étran-
« ger les aborde, même pour les passe-ports ou papiers,
« et il doit le repousser autant que possible. Tous les
« autres navires composant la flotte doivent l'assister
« de tous leurs moyens. Si des navires étrangers veu-
« lent forcer la flotte à discontinuer sa route, il s'y op-
« posera de toutes ses forces, et il ne permettra rien
« qui soit préjudiciable à l'honneur du Roi et aux inté-
« rêts de ses sujets » (1).

Pendant les guerres qui terminèrent le XVIIe siècle
et celles de la première partie du XVIIIe, les mêmes
principes subsistèrent : les neutres protestant contre la
visite des convois, et les belligérants, surtout les Anglais, ne voulant rien céder sur ce point. Les conflits
continuèrent donc, notamment en 1742, entre l'Angleterre et la Suède, aussi fréquents et aussi variés que les
circonstances se présentaient, sans qu'aucun règlement
international ne vînt en cette matière circonscrire l'arbitraire des peuples en guerre.

Cette question était d'ailleurs alors purement dans le
domaine des faits, et les publicistes de cette époque
eux-mêmes gardent sur ce point un silence complet,

---

(1) Pardessus, III, p. 305.

notamment Vattel, dont le traité sur le droit international maritime parut vers 1758.

La fin du dernier siècle et le commencement du nôtre
furent plus fertiles en documents.

En 1762, le capitaine hollandais Dedel, chargé d'escorter des vaisseaux marchands, repoussa par la force
une frégate anglaise qui voulait les visiter, et, par un
édit du 20 septembre de la même année, les Etats Généraux approuvèrent expressément cette conduite.

Au commencement de la guerre de l'Indépendance
américaine, l'Angleterre renouvela sur ce point ses
vexations de la manière la plus violente. Elle voulait
ainsi amener les neutres à prendre fait et cause pour
elle : l'alliance anglaise et la guerre étaient préférables
à une neutralité aussi désastreuse pour leur commerce.

Les Etats Généraux, malgré les sentiments anglophiles du stathouder, essayèrent cependant de résister
et, par un édit du 3 novembre 1777, ils accordèrent des
escortes aux navires de commerce hollandais et prescrivirent aux bâtiments convoyeurs de s'opposer de force
à la visite (1).

C'est alors que M. de Vergennes adressa aux puissances européennes son règlement de 1778 sur les droits
des neutres en temps de guerre maritime, les invitant
à y adhérer et à obtenir l'adhésion de l'Angleterre.

_____

(1) V. *Suprà*, p. 33.

Nous avons vu précédemment l'échec de cette tentative.

L'Espagne toutefois ne suivit pas sur ce point les principes du cabinet de Versailles. Dès le début de la guerre, elle appliqua les théories anglaises. Le blocus de Gibraltar était alors l'objet des plus vives sollicitudes du cabinet de Madrid, et tous les navires neutres, même en convois, rencontrés dans les environs du détroit étaient suspects : ils étaient visités sans mesure, et le plus souvent capturés.

Ces procédés violents suscitèrent des réclamations très vives de la part des neutres. Le gouvernement espagnol les accueillit assez mal. Dans une lettre du 22 janvier 1780, M. de Montmorin, notre ambassadeur à Madrid, écrivait à M. de Vergennes : « M. de Floride- « Blanche (premier ministre d'Espagne) a annoncé au « ministre de Hollande que le convoi ne serait pas res- « pecté, malgré l'escorte des vaisseaux de guerre... « qu'il pouvait compter qu'escortés ou non par des « vaisseaux de guerre, tous les convois hollandais se- « raient visités par les bateaux espagnols lorsqu'ils en « rencontreraient... (1). »

La déclaration de neutralité armée du 9 mars 1780 garda le silence le plus absolu sur cette question de convois. Mais, l'année suivante, un conflit survenu à ce sujet entre l'Angleterre et la Suède provoqua une déclaration complémentaire de la Russie.

(1) Arch. Aff. Étrang. Espagne, t. 597, p. 168.

En septembre 1781, un convoi de six navires marchands suédois escortés par le navire de guerre « *le Wasa* » fut rencontré par un croiseur anglais qui prétendit les visiter. Le *Wasa* résista, et, après de graves discussions diplomatiques avec l'Angleterre, la Cour de Stockholm soumit le cas à la Russie. Celle-ci déclara que « les droits et privilèges du pavillon militaire sont « tellement incontestables et communément admis « qu'ils devaient s'étendre aux navires marchands placés « cés sous sa protection, et les exempter de toute « visite ». La Russie fit même déclarer aux Cours européennes qu'elle considérait ce principe comme une règle absolue de droit international qui devait être soutenue par la neutralité armée au même titre que ceux déjà formulés dans la déclaration du 9 mars 1780. Les traités conclus vers cette époque par cette puissance renferment tous une clause conforme à cette théorie.

D'ailleurs, dès le 26 janvier 1781, les États généraux avaient ordonné à leurs vaisseaux de guerre de s'abstenir de visiter les navires marchands convoyés lorsque le commandant de l'escorte donnerait sa parole que ces navires ne portaient pas de contrebande à bord.

La même règle fut reproduite dans le traité du 27 mars 1794 entre le Danemark et la Suède, qui est demeuré, d'après Calvo, « le prototype des stipulations « internationales relatives à l'inviolabilité des convois « par les croiseurs belligérants ».

En janvier 1798, un convoi suédois composé de navires chargés de bois et escortés par la frégate « *Ulla Fersen* » fut rencontré par une divison anglaise. Le capitaine suédois, ayant refusé de se soumettre à la visite, fut pris avec tout son convoi, et la Cour d'amirauté de Londres valida la prise. Le juge d'amirauté, sir W. Scott (lord Stowel) chercha à justifier cet arrêt : « L'interpo-« sition de la force au nom d'un souverain d'un pays « neutre, dit-il, ne prouve rien contre les droits du « croiseur breveté d'une des nations belligérantes. La « force que ce souverain ferait opposer ne serait qu'une « résistance illégale à l'exercice d'un droit légitime. « Cependant les souverains peuvent convenir entre eux « que la présence d'un de leurs bâtiments armés escor-« tant des navires marchands de leur pays, indiqueront « réciproquement que les navires ne portent rien qui « contrevienne aux lois de l'amitié ou de la neutralité. « Cet accord existant, on n'a pas le droit de s'y oppo-« ser... La peine encourue pour la résistance au droit « de visite maritime est la confiscation de la propriété « qu'on voulait soustraire aux recherches... (1) » L'Angleterre, n'ayant conclu sur ce point aucun traité restrictif de ses prétendus droits « légitimes », elle pouvait se permettre toutes vexations à l'égard des convois : et la confiscation de tous les bâtiments était la conséquence de la résistance à ses prétentions.

A la fin de l'année 1799, elle voulut de nouveau les

_____

(1) Arch. Aff. Étrang., n⁰ 2024, p. 364.

appliquer à un convoi de navires marchands danois escortés par la frégate « *Haufenen* », qui fut rencontré près de Gibraltar, par une division anglaise. Le commandant danois refusa la visite, mais devant la supériorité écrasante du nombre, il dut suivre les Anglais.

Le 25 juillet suivant, une autre frégate danoise, « *la Freya* », rencontrée dans la Manche par une escadre anglaise forte de 6 vaisseaux, refusa également de laisser visiter les bâtiments qu'elle escortait. Après un combat acharné, mais trop inégal, elle fut prise avec tout le convoi.

Ce second incident se greffa sur le premier. Le ministre danois, M. de Bernstorf protesta avec une grande fermeté contre cette double violation du droit des gens et soutint énergiquement les droits de son pays contre les prétentions de lord Granville. L'Angleterre envoya alors à Copenhague, pour assister son ministre, M. Merry, un ambassadeur extraordinaire, lord Whitworth, et, pour appuyer les arguments qu'il devait faire valoir, elle le fit suivre d'une flotte de 16 vaisseaux de ligne sous les ordres de l'amiral Dixon. Le Danemark put, cependant, obtenir la restitution des bâtiments ainsi capturés, mais il dut s'engager à « suspendre ses convois », la question de droit « demeurant réservée pour une discussion ultérieure » (Convention du 29 août 1800).

Cette convention, imposée par la force et par les raisons du canon plus que par celles du droit, fut subie avec peine par le Danemark qui chercha à intéresser la Russie à l'offense qu'il avait reçue. C'est dans ces circonstances que le tzar Paul Ier se décida à conclure avec la Suède, le Danemark et la Prusse, la seconde convention de neutralité armée, décidant, à l'art. 5, que « la déclaration du commandant convoyeur que son « convoi n'a à bord aucune marchandise de contre-« bande devait suffire, pour qu'il n'y ait lieu à aucune « visite sur son bord ni sur celui des bâtiments de son « convoi... » Suivaient des prescriptions très rigoureuses destinées à assurer la sincérité des déclarations faites par le commandant du bâtiment convoyeur.

Le cabinet de Londres vit dans ces conventions « des « entreprises hostiles tendant à détruire les principes « sur lesquels reposait en grande partie la puissance « navale de l'empire britannique (1) ». C'est alors que le 2 avril 1801, en pleine paix, une flotte anglaise, sous les ordres de Parker et de Nelson, alla commettre cette infamie qu'on appelle la bataille de Copenhague. « On « ne peut douter, dit Hautefeuille, et l'Angleterre elle-« même l'a avoué, que la noble persistance des Danois « à défendre leurs droits et leur indépendance sur mer, « et notamment leur résistance à la visite des navires « convoyés, n'ait été la seule cause de l'attentat inouï « commis par la flotte britannique ».

La mort du tzar Paul Ier survint alors fort à propos

_____

(1) Cauchy, II, p. 343.

pour les prétentions anglaises. Elle entraîna la dissolu-
tion de la ligue de neutralité « dont il avait été l'âme et
« dont il promettait d'être le bras ». Maîtresse de l'esprit du jeune empereur de Russie, l'Angleterre lui fit
accepter en quelques jours la fameuse convention du
17 juin 1801. Les deux puissances en imposèrent la
reconnaissance au Danemark le 23 octobre, et, le 30
mars suivant, à la Suède, désormais isolée. L'Autriche
y adhéra le 7 avril 1803. La Prusse seule, refusa absolument son adhésion.

L'article 4 de cet acte international décida : Que la
visite des convois appartiendrait aux seuls navires de
guerre ; que les capitaines des vaisseaux marchands sous
convoi devaient remettre leurs papiers de bord, rédigés
dans les formes annexées au traité, au commandant du
bâtiment de guerre convoyeur ; que, dans ces conditions, les croiseurs belligérants pourraient arrêter le convoi et procéder à la vérification des papiers à bord du
convoyeur ; que dans les cas où ces papiers ne leur
paraîtraient pas réguliers, ils auraient toujours le droit
de procéder à une visite effective des bâtiments suspects ; qu'alors un officier du convoyeur pourrait assister à cette visite.....

Il est difficile de trouver dans cette convention la
trace de « concessions importantes qu'y aurait faites
l'Angleterre », suivant quelques auteurs (1). La visite

(1) Calvo.

des convois était refusée aux corsaires, c'est possible, mais elle était reconnue formellement aux bâtiments de guerre, et n'étaient-ce pas des bâtiments de guerre qui avaient suscité les conflits que je viens de citer ? Les contemporains ne se sont d'ailleurs pas mépris sur la valeur de cet acte. Un rapport officiel adressé en 1804 à l'empereur Napoléon s'exprime ainsi : « L'article de « ce traité renferme un corps de doctrine où sont détail- « lées les précautions avilissantes auxquelles doivent « être soumis les vaisseaux marchands qui naviguent « sous la protection et le convoi d'un vaisseau de « guerre de leur nation. Les Anglais, sans daigner « songer qu'un vaisseau marchand n'est mis sous con- « voi qu'après avoir fourni la preuve irréfragable que « sa cargaison est régulière et parfaitement licite, en « sorte que la présence d'un vaisseau de guerre de sa « nation équivaut seule à un certificat du souverain « de l'innocence du chargement, les Anglais, dis-je, « supposent évidemment que les souverains peuvent « dégrader leur dignité par le mensonge et croient leur « parole moins sûre que le témoignage oculaire d'un sim- « ple officier de leur nation... Voilà ce qui a été signé à « Pétersbourg, le 17 juin 1801, à peu près 20 ans après « la signature de la Convention maritime de neutralité « de Catherine II (1) ».

Une convention basée sur de tels principes ne pou-

(1) Arch. Aff. Étrang., n° 2024, p. 430.

vait pas avoir une longue durée. Dès 1807, au moment
de déclarer la guerre à l'Angleterre, la Russie la dé-
nonça et remit en vigueur les bases de la neutralité
armée pour ne plus s'en écarter. De son côté, l'Angleterre déclara retirer les « concessions » par elle faites
aux neutres dans cette convention, et se livra contre
eux, pendant toute la durée de la guerre, aux procédés
les plus violents.

Depuis 1815, tous les traités conclus par les puissances maritimes de l'ancien et du nouveau monde, à
l'exception toutefois de la Grande-Bretagne, ont stipulé
que la visite ne pourrait être exercée sur les bâtiments
convoyés. « La puissante confédération de l'Amérique
« du Nord, dit Calvo, a le mérite... d'avoir toujours
« admis que la parole donnée par l'officier commandant
« un convoi met à l'abri de toute perquisition les na-
« vires marchands placés sous son escorte ».

En 1838, lors du blocus des ports de La Plata, le
comte Molé rappelait ce principe dans les instructions
données aux commandants des croiseurs français :
« Dans aucun cas, disait-il, il n'y a lieu à faire visiter
« des bâtiments sous escorte d'un bâtiment de guerre
« de la nation de ces mêmes bâtiments : la déclaration
« du capitaine escorteur *suffit* ».

L'Angleterre seule a toujours refusé de se lier sur ce
point comme sur les autres ayant trait à la même matière par aucun traité ni convention ; et elle persiste à
ne pas vouloir exempter de la visite les vaisseaux con-

voyés. C'est grâce à cette résistance, dit Gessner (1), que la question n'a pas même été touchée ni dans les déclarations publiées par les puissances belligérantes au commencement de la dernière guerre d'Orient (Crimée), ni dans la déclaration du 16 avril 1856.

D'autre part, dans la dernière guerre du Danemarck, en 1864, les trois puissances belligérantes ont ouvertement posé en principe que les vaisseaux marchands convoyés seraient exempts de la visite.

Dans la guerre franco-allemande, les instructions françaises interdisaient également la visite des convois ; mais elles imposaient au commandant convoyeur l'obligation de délivrer au croiseur belligérant une déclaration écrite relative aux navires marchands placés sous son escorte.

L'article 218 du Code de commerce italien défend également la visite des convois, et, plus près encore de nous, le projet de règlement international de 1887 reproduit à peu près textuellement les dispositions des instructions françaises de 1870.

(1) Page 384.

CHAPITRE III

Depuis la Révolution française, presque tous les publicistes qui se sont occupés de cette question inter-
disent la visite des navires convoyés. Au commencement
de ce siècle, un écrivain allemand, Jouffroy, a proposé,
pour concilier les prétentions anglaises avec la jurisprudence des autres peuples, un système plus étrange
que pratique et dont, au demeurant, on n'aperçoit pas
l'utilité. Il proportionnait la taille et le nombre des bâtiments convoyeurs à l'importance du convoi. De plus
« la visite devait être interdite non seulement aux cor-
« saires, mais encore aux vaisseaux de guerre inférieurs
« à ceux qui formaient l'escorte. La visite ne pourrait
« être faite que par des navires de même classe ou de
« classe supérieure aux navires convoyeurs. Elle ne
« pourrait être réelle que lorsque les papiers de bord
« justifieraient un soupçon. Dans le cas où l'un des
« vaisseaux formant le convoi devrait être saisi, on de-
« vrait laisser à bord un des officiers du navire d'es-
« corte ».

Vouloir proportionner la visite à la taille d'un navire

de guerre est une conception bizarre, qui méconnaît entièrement les principes mêmes sur lesquels repose la qualité officielle des officiers de la marine de guerre. Le commandant d'un brick ou d'une goëlette n'est-il pas un mandataire de son souverain aussi authentique et aussi digne de foi que le commandant d'un vaisseau de ligne ? Pourquoi donc faire une distinction entre les deux pour l'exercice d'un même droit de guerre ?

Le système de Jouffroy admet d'ailleurs la visite, puisque l'officier visiteur reste seul juge de l'opportunité de l'exercer réellement. La pratique n'a tenu aucun compte de cette théorie.

Martens, Klüber, Kaltenborn, Heffter, Blüntschli, Gessner se sont nettement prononcés en faveur de l'immunité des convois. Rayneval, Ortolan, Massé, Hautefeuille, Cauchy défendent les mêmes principes. Ortolan fait observer toutefois avec Rayneval qu'il y a des cas dans lesquels le commandant du croiseur peut exiger du commandant du convoi qu'une vérification soit faite par ce dernier lui-même : « Il peut arriver « par exemple, dit-il, qu'à la faveur de la nuit, d'une « brume, ou d'un gros temps qui ont rompu l'ordre « de marche d'une flotte marchande nombreuse, des « navires étrangers à cette flotte se soient glissés au « milieu d'elle en empruntant son pavillon, malgré la « surveillance des convoyeurs. Si des indices certains « de l'existence d'un pareil fait sont fournis au com- « mandant du convoi, il est du devoir de ce comman-

« dant de procéder par lui-même ou par ses officiers à
« une visite à bord des bâtiments suspects (1). »

Cette observation se comprend difficilement. L'immunité d'un convoi ne peut être admise que pour le
nombre même des navires que le bâtiment escorteur
doit convoyer. Il a nécessairement à cet effet des papiers en règle spécialisant ces navires, et leur nombre
lui est connu officiellement par ces pièces même. Si,
au milieu d'eux s'était glissé un intrus, non compris
dans l'énumération précitée, il est évident que ce dernier ne saurait bénéficier d'une immunité qui n'a pas
été prévue pour lui et qu'il resterait soumis à la procédure ordinaire de la visite. On ne comprendrait même
pas, en cette circonstance, pourquoi le bâtiment de
guerre convoyeur aurait à intervenir et à surveiller cette
opération.

Les publicistes britanniques, Oke Manning, Wildmann, Philimore et les américains Wheaton et Dana
soutiennent la thèse contraire et n'admettent pas l'immunité des convois, prétendant que ce ne serait là pour
les neutres qu'un mode de se soustraire à la visite,
« droit consacré par le droit naturel au profit des belli
« gérants. »

Mais la correspondance diplomatique échangée entre
le Danemark et l'Angleterre au commencement de notre
siècle, à l'occasion des affaires de la « *Freya* » et de

---

(1) Calvo, V, p. 233.

l' « *Häufenen* » contient sur cette question des développements plus intéressants, car c'est alors le gouvernement anglais lui-même qui s'efforce d'établir ses prétentions sur des bases juridiques.

Le 10 avril 1800, M. Merry, ministre britannique près la Cour de Copenhague soutient que « le droit de « visiter et d'examiner les navires de commerce en « pleine mer (convoyés ou non), de quelque nation « qu'ils soient et quelles que soient leur cargaison et « leur destination, était regardé par son gouvernement « comme incontestable à toutes les nations en guerre ; « que ce droit, fondé sur celui des gens, *était généra-* « *lement admis et reconnu*, et qu'il s'en suivait que « la résistance qu'opposait à la visite le commandant « d'un navire de guerre d'une nation amie devait être « regardé comme un acte d'hostilité. »

C'est bien là le système que soutiennent les publicistes anglais précités : mais M. Merry aurait pu se dispenser de dire que le droit réclamé par son pays « *était généralement admis et reconnu* ». Les déclarations faites par la Russie à la suite de l'incident du navire suédois « *Wasa* » lui donnaient déjà sur ce point un démenti formel, auquel pouvaient être jointes les protestations si énergiques formulées à diverses époques par les États généraux et les autres puissances neutres.

Le comte de Bernstorf lui répondit, le 19 avril, que « c'étaient l'usage et les traités qui avaient attribué « aux puissances belligérantes le droit de visiter les

« navires marchands neutres non convoyés ; que ce
« droit *purement conventionnel* ne saurait donc sans
« injustice ou sans violence être étendu arbitrairement
« au-delà de ce qui avait été convenu ou accordé ;
« qu'aucune des puissances maritimes et indépendantes
« de l'Europe n'avait jamais reconnu le droit de faire
« visiter des navires neutres escortés par un ou plu-
« sieurs vaisseaux de guerre, et qu'il était évident
« qu'elles ne sauraient le faire sans dégrader leur pa-
« villon, et sans renoncer à une partie essentielle de
« leurs propres droits... (1) ».

Devant l'impossibilité de citer quelque autorité sérieuse à l'appui de son système, le gouvernement anglais
chercha d'autres arguments. Dans sa dépêche du
12 août 1800, lord Withworth déclare que la visite
des convois est « un droit incontestable... dont S. M. ne
« peut jamais se départir et dont le maintien calme,
« mais soutenu, est indispensablement nécessaire à
« l'exercice des *intérêts les plus chers de son Em-*
« *pire...* » L'intérêt de l'Angleterre ! voilà donc pour
cette puissance la cause génératrice d'un droit !

Le 21 août suivant, le même personnage ajoutait :
« Si une frégate danoise peut légalement garantir de
« toute visite les vaisseaux marchands de cette nation,
« il *s'ensuit naturellement* que cette même puissance
« ou toute puissance quelconque peut, par le moyen

---

(1) Martens, Rec. VII, p. 130.

« du moindre bâtiment de guerre, étendre la même pro-
« tection sur tout le commerce de l'ennemi, dans toutes
« les parties du monde. Il ne s'agira que de trouver
« dans le monde entier civilisé un seul État neutre,
« quelque peu considérable qu'il puisse être, assez bien
« disposé envers les ennnemis pour leur prêter son
« pavillon et couvrir tout leur commerce sans encourir
« le moindre risque, car dès que l'examen ne peut avoir
« lieu, la fraude ne craint plus d'être découverte (1)... »

C'est le propre de tous les sophistes de chercher à
faire dévier la discussion de sa voie naturelle. Lord
Withworth parle du pavillon neutre abritant des marchands ennemis, alors que les débats ne visaient que
le navire de guerre neutre escortant ses nationaux.
Le diplomate anglais ajoute d'ailleurs qu'en l'absence
de visite, la fraude aura lieu. Les peuples sont comme
les individus : un homme de mauvaise foi ne pourra
jamais croire à la loyauté de son prochain.

Le comte de Bernstorf releva le gant et lui répondit
le 26 août : « ... Le gouvernement neutre qui se dé-
« graderait au point de prêter son pavillon à une pa-
« reille fraude sortirait par cela même des bornes de la
« neutralité, et autoriserait, par conséquent, la puis-
« sance belligérante au préjudice de laquelle cette
« fraude eût été commise, à des mesures que des cir-
« constances ordinaires n'admettraient pas. L'État qui

(1) Hautefeuille, p. 86, IV.

« méconnaît ses devoirs s'expose sans doute à perdre
« ses droits ; mais le soupçon d'une conduite avilis-
« sante serait aussi injurieux pour le gouvernement
« qui ne le mériterait pas que peu honorable pour celui
« qui l'avouerait sans fondement... »

Il ne me reste donc qu'à résumer ces débats et à examiner le système qu'il y a lieu d'adopter pour assurer
la conformité de la loi positive avec le droit naturel.

CHAPITRE IV

DISCUSSION. — SYSTÈME A ADOPTER.

L'Angleterre prétend tout d'abord que le droit de visite est un droit naturel, et que, par suite, il peut être
exercé partout et dans toutes les circonstances où des
traités n'ont pas stipulé le contraire. Le Danemark déclare au contraire que ce droit est purement conventionnel et ne peut être exercé qu'en vertu d'un traité.

Il me semble que les deux parties ont perdu de vue
la véritable nature du droit de visite. Ce droit n'est pas
purement conventionnel et on ne saurait pas non plus
lui attribuer le caractère d'un droit naturel direct et
principal, comme l'affirme l'Angleterre. C'est un droit

accessoire, nous l'avons dit, accessoire du droit de
prise, du droit de blocus et du droit de défense : il
ne doit donc pouvoir être exercé que pour assurer
l'observation de ces autres droits. Il n'est pas naturel,
il n'est pas conventionnel, et il est tous les deux : c'est
un droit de *nécessité*.

Or, lorsque c'est l'Etat souverain, neutre lui-même,
par la voix de son représentant officiel, qui vient affirmer solennellement aux belligérants que ces navires
qu'il couvre de son pavillon n'ont violé aucun des droits
de la guerre générateurs du droit de visite, on cherche
en vain la raison qui pourrait légitimer l'exercice d'un
droit, désormais inutile, puisque cette nécessité qui
l'avait engendré n'existe plus.

Si l'intérêt personnel de l'Angleterre, son intérêt
mercantile, n'avait pas été toujours l'unique mobile de
sa politique et ne s'était pas toujours trouvé au fond
de ses discussions dont la forme seule revêtait quelques
apparences juridiques, si son unique but, dans l'exercice
de la visite, n'avait été d'opprimer le commerce des
autres nations au profit du sien propre, elle se fût depuis longtemps inclinée devant cette logique irréfu-
table.

Nous avons vu d'ailleurs que, dans la visite d'un bâtiment non convoyé, lorsque l'officier visiteur trouvait
des papiers parfaitement en règle, il devait s'arrêter là
et s'abstenir de pousser plus loin ses investigations. Or,
si ces papiers doivent être considérés comme sincères,

c'est qu'ils émanent d'une puissance en la parole de
laquelle, bien qu'absente, on doit ajouter foi.

Dans le cas qui nous occupe, cette raison est plus
grave encore, car ici l'Etat souverain est présent, et
c'est lui-même qui affirme l'innocence de ceux qu'il
protège. Comment le doute serait-il permis? « Le doute
« et les soupçons, disait M. de Bernstorf, seraient aussi
« injurieux pour lui qu'injustes de la part de ceux qui
« les concevraient ou les manifesteraient ».

« L'Angleterre prétend, nous dit Gessner, que l'on a
« vu des officiers de marine donner leur parole à faux! »
Nous savons en effet par l'histoire que seuls, ses officiers, autorisés même par leur Gouvernement, ont osé,
à diverses reprises, se flétrir ainsi. Mais la mauvaise foi
britannique ne saurait infirmer les principes du droit
et l'honneur sacré des peuples civilisés.

Un autre des arguments que nous avons vu soulever
par les Anglais est que l'immunité des convois a été
inventée uniquement dans le but de soustraire les navires marchands neutres à la visite.

Cette raison est des plus spécieuses, et elle est un
aveu du véritable esprit qui guide le Gouvernement
britannique dans ses prétentions. Nous répondrons que
la visite n'est pas un but, mais un moyen : moyen d'empêcher la fraude, moyen d'assurer la défense des belligérants et le respect de la neutralité, mais moyen bien
imparfait, car s'il profite aux uns, il préjudicie gravement aux autres! Que peut-il donc importer aux pre-

miers, bénéficiaires de la résultante de ce droit, que les seconds cherchent à s'y soustraire, s'ils leur procurent d'une autre façon les mêmes avantages, les mêmes garanties... sur les points mêmes qui ont engendré le droit de visite !

Si le gouvernement anglais avait été loyal dans les débats soulevés sur cette question, il aurait répondu ce que l'on lit d'ailleurs entre les lignes de son argumentation :

« Il n'est pas vrai de dire qu'en me fournissant par un autre moyen une preuve du respect de la neutralité par les bateaux marchands, preuve même plus authentique que celle que peut me fournir la visite, vous m'accordez les mêmes avantages que ceux que je retire de l'exercice de ce droit, Pour moi, pour l'intérêt de ma grandeur maritime, pour le développement de ma puissance commerciale, le but même que recherchent les autres nations dans l'exercice de la visite est secondaire. Ce qui m'importe dans ce droit, c'est la visite elle-même avec recherches qui peut seule me le procurer, car c'est elle seule qui me permettra de connaître, pour le plus grand avantage de ma concurrence commerciale, la provenance et la destination des marchandises, tous les détails des expéditions, les secrets des entreprises. Voilà ce que vous voulez m'enlever en réclamant l'immunité de vos convois ! Voilà pourquoi je ne puis admettre que vous cherchiez à soustraire votre marine marchande à ma visite, dont le maintien calme, mais soutenu, est indispensablement nécessaire à l'exercice des intérêts les plus chers de mon empire... » (1).

Naturellement, des motifs aussi... juridiques n'ont pas suffi à entraîner l'adhésion des autres puissances, et l'immunité des convois est aujourd'hui un fait à peu près reconnu en droit international.

Examinons donc maintenant comment les choses devront se passer en fait pour suppléer à la visite du convoi en garantissant les droits des belligérants.

Le croiseur, rencontrant un convoi escorté par un navire de guerre neutre, doit d'abord assurer son pavillon et sommer ce bâtiment d'assurer également le sien. Les deux commandants se sont ainsi donné leur parole de la sincérité de leur pavillon.

Le croiseur peut ensuite interroger le navire convoyeur. Peut-il l'arrêter et se rendre à son bord pour le questionner lui-même de vive voix ? ou bien doit-il se contenter d'employer à cet effet les signaux du Code international ?

Je crois qu'il faudrait adopter cette dernière méthode, car les signaux interprétés et inscrits sur les journaux de bord restent comme un document officiel aussi digne de foi que la déclaration verbale et même écrite que pourrait faire le commandant convoyeur. Et de plus, en vertu de quel droit le belligérant pourrait-il ordonner à un bâti-

---

(1) V. la lettre de lord Whithworth, *suprà*, p. 154.

ment de guerre de s'arrêter pour attendre la venue à son bord d'un de ses officiers.? La guerre survenue entre deux peuples n'implique aucune souveraineté de ceux-ci sur les neutres. Enfin, le pont d'un navire de guerre, fragment du territoire neutre, doit être respecté de la façon la plus absolue par les belligérants.

Il faut toutefois reconnaitre que le croiseur a le droit d'interroger le navire neutre aussi complètement que possible, de lui demander le port d'origine et la destination du convoi, le lieu où il l'a pris sous sa garde, de certifier la nature du chargement de chaque bateau, le nombre des navires, etc..., et que le neutre ne peut se refuser de répondre à ces questions. Un refus de sa part autoriserait des soupçons graves et des représailles de la part du croiseur qui aurait alors le droit d'user de la force pour éclairer sa religion, s'il était le plus fort ; dans le cas contraire, la conduite du bâtiment de guerre neutre provoquerait des incidents diplomatiques.

Certaines difficultés peuvent, en effet, s'élever, lorsque les gouvernements neutres et belligérants sont en dissidence sur les principes des droits du pavillon neutre, si l'un d'eux admet que son pavillon couvre la marchandise ennemie, alors que l'autre ne l'admet pas, ou si les deux puissances ne sont pas d'accord sur la notion de contrebande.

La première difficulté appartient à l'histoire : je ne l'examinerai pas, la pratique moderne, depuis 1856, étant conforme au droit naturel qui respecte la propriété ennemie sous pavillon neutre.

Mais la seconde conserve son importance. On n'y voit guère d'autres solutions que celles que je viens d'indiquer pour le cas où le convoyeur refuserait de répondre à l'interrogatoire du croiseur : la force et la diplomatie.

Tel est, à mon sens, le mode de procéder le plus équitable et le plus conforme aux principes du droit naturel. Jedois avouer qu'il n'a pas encore été adopté dans la pratique des peuples et que l'art. 16 du projet de règlement international de 1887, reproduisant l'art. 14 des instructions françaises du 25 juillet 1870, tout en proclamant l'exemption de la visite pour les navires convoyés, autorise le croiseur à « arrêter le navire de guerre convoyeur, à se rendre à son bord et à réclamer du commandant neutre une liste des bâtiments placés sous son escorte, avec une déclaration écrite signée de lui, attestant qu'il ne se trouve à leur bord aucune contrebande de guerre, et quelles sont leur nationalité et leur destination... »

Je ne vois pas les avantages de ce mode de procéder sur la communication par signaux, tandis que les inconvénients en sont manifestes.

Avant de clore cette discussion. je dois ajouter que le bénéfice de cette immunité ne saurait s'étendre audelà d'une escorte réelle, et que par suite le nombre des navires marchands placés sous la protection et la

garantie d'un seul vaisseau de guerre doit être limité à
un chiffre qui permette à ce dernier une surveillance
et un contrôle effectifs. C'est à la puissance neutre qui
engage sa parole à l'égard des belligérants par la bouche
du commandant du bâtiment convoyeur, à prendre
toutes les mesures capables d'assurer la véracité des
déclarations de ce dernier, et, dans ce but, de limiter le
nombre des navires dans un même convoi. Toutefois,
quelles que soient les circonstances, la parole de l'officier
neutre doit rigoureusement être réputée sincère, et je
ne puis admettre que le croiseur ait le droit de la mettre
en doute et de lui *imposer* une visite personnelle (1).
Si ce dernier craint une fraude, son seul recours est la
voie diplomatique, car ce sont les deux puissances souveraines et indépendantes qui sont ici en présence, et
le caractère de leurs relations est pacifique....

CHAPITRE V

EXAMEN DE QUELQUES CAS SPÉCIAUX.

Pour en finir avec cette question des convois, il me
reste à dire quelques mots des navires de commerce

(1) Sic. Inst. Minist. du 25 juillet 1870, art. 14.

escortés par des bâtiments de guerre d'une autre puissance.

§ 1. — **Et d'abord un bâtiment de guerre neutre, escortant un convoi également neutre, mais d'une autre nation, assure-t-il à ce convoi la même immunité relativement à la visite des belligérants ?**

La question est très controversée.

Lors de la première déclaration de neutralité armée, l'article 5 du traité du 9 juillet 1780 entre la Russie et le Danemark disposait : « Si pourtant il arrivait que les « vaisseaux marchands de l'une des puissances se trou- « vàssent dans un parage où les vaisseaux de guerre « de la même nation ne fussent pas stationnés et où ils « ne pourraient pas avoir recours à leurs propres con- « vois, alors le commandant des vaisseaux de guerre « de l'autre puissance, s'il en est requis, doit de bonne foi « et sincèrement leur prêter le secours dont ils pourraient « avoir besoin, et, en tel cas, les vaisseaux de guerre « et les frégates de l'une des puissances serviront de « soutien et d'appui aux vaisseaux marchands de « l'autre. Bien entendu cependant que les réclamants « n'auraient fait aucun commerce illicite, ni contraire « aux principes de la neutralité.... » (1).

(1) Martens, t. III, p. 189.

Tous les traités de neutralité armée ont reproduit cette clause, mais la plupart des autres traités qui stipulent le droit des neutres de faire escorter leurs navires marchands, gardent le silence sur cette question, ou bien renferment des formules vagues et incomplètes comme l'article 29 du traité du 1er mars 1801 entre la Russie et la Suède, qui se borne à déclarer que la simple déclaration du commandant convoyeur que « *lesdits navires qu'il escorte* » n'ont à bord aucune contrebande de guerre, doit suffire pour qu'aucune visite n'ait lieu.

Toutefois, les traités du 30 septembre 1800 entre la France et les États-Unis, et du 30 octobre 1824 entre les États-Unis et la Colombie exigent la déclaration que les navires escortés sont de la même nation que le bâtiment convoyeur.

Hautefeuille examine longuement cette question et conclut, avec le commandant Ortolan, que l'immunité ne peut s'étendre qu'aux bâtiments de la même nation que le bâtiment convoyeur.

Il faut, je crois, faire une distinction. Lorsqu'il existe entre les deux puissances neutres un traité formel, comme l'article 5 du traité du 9 juillet 1780 que je viens de citer, que ce traité a été notifié officiellement aux puissances belligérantes de telle façon que celles-ci ont pu en donner connaissance aux commandants de leur marine de guerre, il me semble que les navires de

guerre de l'une et de l'autre des puissances contractantes ont indifféremment le droit de convoyer leurs
navires de commerce, et de leur assurer ainsi, aux uns
comme aux autres, la même immunité.

Et, en effet, les deux puissances neutres ont ainsi
délégué leurs pouvoirs aux commandants des navires
de l'une et l'autre nation ; dès lors, la parole de ces
officiers devient l'expression de la parole même des
deux souverains, et l'on ne peut guère comprendre
pourquoi cette délégation expresse, solennellement proclamée, produirait un effet moindre que la délégation
directe résultant de la nationalité même du commandant convoyeur, les deux souverains s'étant en quelque
sorte solidarisés.

Cette solution ne peut toutefois être admise que dans
le cas d'un traité formel, définitif et notifié aux belligérants qui, jusque-là, sont censés l'ignorer et ont naturellement le droit de procéder à la visite du convoi ainsi
escorté.

§ II. — **Le second point à examiner est le convoi de
marchands neutres par un navire de guerre ennemi.**

L'Angleterre, naturellement, fidèle en cela à ses principes, déclare que le seul fait pour un bâtiment de
commerce neutre de naviguer sous l'escorte d'un vais-

seau de guerre ennemi entraîne de plein droit confiscation (1).

Les États-Unis résolurent la question en sens inverse
dans l'affaire de la « *Néréide* », bien que le juge Story
se soit prononcé pour la prise.

Kent, Perels reconnaissent dans ce fait une violation
effective de la neutralité. Hautefeuille, et surtout l'américain Wheaton, soutiennent énergiquement la thèse
contraire. Ce dernier la développa longuement comme
diplomate dans une affaire intéressant son pays. En 1810,
le Danemarck, alors en guerre avec l'Angleterre, avait
défendu par un règlement aux vaisseaux neutres de se
faire convoyer par les vaisseaux anglais. Bientôt après,
plusieurs navires américains qui revenaient de Russie
furent saisis pour avoir enfreint cette défense. Wheaton,
entre autres motifs, déclara que le fait de naviguer
sous l'escorte et en compagnie d'un belligérant justifie
sans doute la présomption légale que le navire et la
cargaison appartiennent à l'ennemi ; qu'en conséquence
le navire neutre s'expose à être pris avec le convoi belligérant, mais que cet acte, en lui-même, est loin de
constituer ce qu'on appelle en droit une présomption
juris et *de jure* de violation de la neutralité ; que la
preuve de sa nationalité et de l'innocence de son chargement lui reste permise, et, une fois faite, doit entraîner sa relaxation désormais sans motif : la pro-

(1) Affaire du trois mâts « *Sampson* ». V. Calvo, § 2982.

priété neutre devant être respectée même sous pavillon ennemi.

Gessner combat cette théorie. « Le neutre qui se met sous la protection d'un belligérant, dit-il, viole réellement le droit de visite. L'autre belligérant n'a aucune garantie que les vaisseaux marchands qui se sont fait escorter de la sorte par son ennemi ne portent pas de contrebande à bord ou n'ont pas l'intention de violer d'une autre manière leurs devoirs de neutres. Une telle intention doit plutôt être présumée, car sans cela, le neutre n'emploierait pas un tel moyen pour se soustraire à la visite... La présomption *juris* ne se borne pas, comme le pense Wheaton, à la nationalité des navires, mais encore à leur intention de se soustraire à la visite. Ils doivent donc prouver, pour être relâchés, que les deux suppositions ne sont pas conformes à la réalité. Dans tous les autres cas, *ils restent sujets aux pénalités établies par les règles internationales contre les violateurs du droit de visite* ».

Nous devons reconnaître que le fait, pour un marchand neutre, de naviguer sous l'escorte d'un vaisseau de guerre ennemi entraîne bien la double présomption dont parle Gessner. Il agit très probablement ainsi pour se soustraire à la visite ou surtout aux mesures vexatoires de la visite, et il laisse même supposer qu'il viole quelque peu les règles de la neutralité.

Mais nous comprenons difficilement comment le seul fait, même prouvé, de chercher à se soustraire

à la visite constituerait une violation des règles de la
neutralité susceptible d'entraîner la confiscation. Gessner se trouve ici en contradiction avec lui-même, car
c'est après avoir défini le droit de visite un *moyen*
destiné à assurer l'accomplissement de certains devoirs,
qu'il vient nous déclarer que le seul fait de se soustraire à ce *moyen* serait punissable, au lieu de tirer
cette conséquence uniquement de la violation même de
ces devoirs !

Il faut donc plutôt admettre sur ce point la théorie
de Wheaton et déclarer que le neutre naviguant sous
convoi ennemi est suspect, très suspect même, qu'il
s'expose à être non seulement visité minutieusement,
mais pris, et cela sur de simples soupçons, mais qu'il
doit être relâché dès qu'il a réussi à prouver sa nationalité, l'inocuité de son chargement, et, en plus,
j'ajouterai l'innocence de sa conduite ; en un mot que
le seul fait de la situation dans laquelle il se trouve ne
constitue nullement en lui-même une violation certaine
de la neutralité.

§ III. — Je ne parlerai que très sommairement des navires
marchands ennemis naviguant sous l'escorte d'un navire
de guerre d'une puissance neutre.

Dans l'état actuel des principes admis par les nations
dans la guerre maritime, la propriété privée de l'enne-

mi est de droit la proie du vainqueur. Par conséquent,
l'Etat neutre qui essaierait, par la protection de son
pavillon, de soustraire à la visite, et par suite à la prise
des navires marchands d'une des puissances belligérantes, violerait la loi de la guerre et s'exposerait à des
représailles de la part de l'autre des belligérants.

Cette solution, conforme au droit positif, est en contradiction avec les principes du droit naturel et même
avec l'esprit qui a dicté, dans la Déclaration de Paris, la
règle « que le pavillon couvre la marchandise ». Le
pavillon du bâtiment convoyeur devrait donc pouvoir
couvrir les navires de commerce ennemis qu'il escor-
terait de la même façon, dans les mêmes conditions et
pour les mêmes raisons que j'ai développées plus haut
relativement au convoi d'un navire neutre par un bâtiment de guerre neutre d'une autre puissance.

TITRE VI

A côté du droit de visite en temps de guerre, bien établi en droit international comme nous venons de le voir, quelques publicistes et même quelques nations ont cherché à faire reconnaître à diverses époques la légitimité d'un droit de visite en temps de paix destiné à établir en pleine mer la nationalité des vaisseaux marchands et à s'assurer de la régularité de leurs opérations commerciales. Toutefois, d'après Philimore, l'un des plus ardents champions de ce droit, il devrait alors se borner à la seule vérification des papiers de bord, et ne pourrait s'étendre, comme la visite en temps de guerre, à l'inspection du navire même : c'est là le droit que les Anglais appellent « right of approach ».

L'Angleterre, on le sait, ne limite pas à l'état de guerre la visite des navires en pleine mer. D'après la doctrine de ses publicistes et de ses hommes d'Etat, le droit de visite constitue l'exercice de cette police maritime naturellement dévolue aux bâtiments de la marine militaire dont la mission protectrice consiste à s'assurer que les navires marchands qui parcourent les mers ont réellement le droit d'arborer le pavillon sous lequel ils naviguent, et que leurs opérations commerciales sont licites. Or cette double vérification ne se rattache pas exclusivement à l'état de guerre, car si la visite est alors nécessaire au droit de défense des belligérants, elle est, en temps de paix, nécessaire à la défense de la société, alors menacée par un double danger : la piraterie et la traite des noirs.

C'est en s'appuyant sur ces principes que l'Angleterre, surtout depuis le commencement de ce siècle, a cherché à diverses reprises à faire admettre par tous les peuples civilisés un droit de visite réciproque, en temps de paix, sur les diverses marines marchandes, au profit de leurs bâtiments de guerre, droit qui devait naturellement être exercé surtout par les croiseurs anglais, vu la très grande supériorité numérique de la marine britannique.

Cette prétention, soutenue par la plupart des publicistes anglais, a été très énergiquement combattue par les Allemands et les Français, ainsi que par les gouvernements étrangers : elle n'a pas obtenu la sanction de la pratique.

Depuis longtemps, l'Europe savait que l'Angleterre aspirait à la domination effective des mers. Au XVIIᵉ siècle, cette puissance avait même revendiqué *la propriété* d'une partie de la haute mer, et Selden, dans son ouvrage, *Mare clausum* avait établi sur une quantité de documents historiques les prétendus droits du peuple anglais à la souveraineté de l'Océan. Son livre, imprimé magnifiquement aux frais de l'État, déposé solennellement dans les archives du Conseil privé, de l'Échiquier, de l'Amirauté, était alors devenu, au moins pour un siècle, la charte maritime de la Grande-Bretagne. J'ai exposé plus haut les vexations autorisées en vertu de ces principes par le gouvernement anglais contre les neutres dans l'exercice de la visite, durant les grandes guerres des siècles derniers, et notamment au commencement du nôtre. Pour affermir cette souveraineté qu'elle revendiquait, l'Angleterre chercha donc à obtenir des autres peuples la reconnaissance d'un droit de visite en temps de paix.

Avec une persévérance infatigable et digne d'une meilleure cause, elle poursuivit son même but. Lorsqu'elle se fut rendu compte que les moyens violents ne produiraient pas le résultat désiré, elle se résigna à revêtir un autre personnage. Prenant en main la cause de l'humanité, elle en vint à prêcher l'infamie de la traite des nègres, qui avait tant contribué à son enrichissement, et, pour assurer sa suppression, la nécessité de visiter en tout temps les navires de commerce.

En 1806, Fox essaya tout d'abord d'obtenir l'adhésion du gouvernement français pour l'abolition de la traite. Celui-ci répondit que « l'Angleterre, dont les colonies « étaient pleines de nègres, pouvait sans inconvénient

« l'abolir, tandis que la France, dont les colonies étaient
« moins peuplées, ne le pouvait faire sans de grandes
« pertes ».

Durant les négociations engagées entre les deux puissances après la paix de 1814, le duc de Wellington fit
part à M. de Talleyrand des idées du cabinet de Londres
à ce sujet. D'après lui, la suppression de la traite une
fois admise, le seul moyen d'y parvenir efficacement
était la reconnaissance d'un droit de visite réciproque
en temps de paix de tout navire suspect, *right of visitation*, bien distinct de ce droit en temps de guerre,
right of visitation AND SEARCHS, et devant se borner à la
seule inspection des papiers.

Ces propositions ne furent pas accueillies, et, au
Congrès de Vienne, le 8 février 1815, on se contenta
d'admettre le *principe même de l'abolition de la traite*
sans rien préjuger d'avance des moyens d'arriver à ce
but ni même de l'époque de la suppression définitive.

Avec l'Espagne, l'Angleterre fut plus heureuse. Le
22 septembre 1817 elle conclut avec cette puissance un
traité supprimant la traite à dater de 1820, et concé-
dant aux navires de guerre des deux nations le droit
de visiter les navires suspects de leurs marines marchandes.

Fort de ce premier succès, le gouvernement britannique fit remettre, en février 1818, aux ambassadeurs à
Londres des diverses puissances maritimes, une note
exposant les motifs qui devaient les déterminer à recon-

naître à leurs navires de guerre ce droit réciproque de visite en temps de paix.

Lord Castlereagh chargea son ambassadeur à Paris, sir Ch. Stuart, d'en référer directement au gouvernement français. Le duc de Richelieu, ministre des affaires étrangères, lui répondit « qu'un pareil droit serait la « source de conflits incessants entre les deux puissan- « ces, conflits autrement dangereux et nuisibles que la « traite des noirs ».

La même proposition avait été soumise au gouvernement des États-Unis. Elle reçut le même accueil et pour les mêmes raisons. Le cabinet de Washington ajouta que « l'opinion publique repoussait unanimement l'idée « d'un droit de visite en temps de paix, que le souve- « nir de la visite était trop pénible pour que l'on con- « sentît à s'y soumettre, quelles que fussent les restric- « tions imposées à son exercice ».

Au mois de novembre de la même année, le gouvernement anglais renouvela ses efforts. Afin d'entraîner les puissances, il proposa d'assimiler la traite à la piraterie. La conséquence de ce système était la reconnaissance d'un droit de visite réciproque contre ces ennemis de la société tout entière. Ces théories furent repoussées.

Le plénipotentiaire russe, comte de Nesselrode, proposa alors un système mixte. On organiserait, sur la côte occidentale d'Afrique, une sorte de confédération neutre chargée de juger les faits de traites, d'après un Code accepté par les puissances ; et l'on mettrait au service de ces autorités une force navale suffisante qui aurait seule le droit de visite et de recherches sur les navires suspects. Ce projet ne fut pas admis.

L'Angleterre renouvela ses tentatives quelques années plus tard, en 1822, au Congrès de Vérone, déclarant, dans un mémoire soumis aux plénipotentiaires des grandes puissances, que « la visite était le seul moyen « d'arriver à la découverte et à la répression du trafic « coupable ». La France répondit qu' « elle reconnais- « sait la liberté des mers pour tous les pavillons étran- « gers, à quelque puissance légitime qu'ils appartîns- « sent, qu'elle ne réclamait pour elle que l'indépen- « dance qu'elle respectait dans les autres et qui conve- « nait à sa dignité ».

L'assimilation de la traite à la piraterie en dénaturait en effet absolument le caractère. D'un délit de droit national, elle faisait un délit international, et les navires coupables arrêtés devenaient ainsi justiciables de tous les tribunaux du monde (principalement des tribunaux anglais) et non plus seulement de ceux de leur nation. C'était là ouvrir la porte aux procédés les plus vexatoi- res de la part de l'Angleterre.

La France repoussa donc énergiquement ces préten- tions exorbitantes en 1822, comme elle l'avait fait à Aix-la-Chapelle en 1815.

L'Angleterre, éconduite, ne se tint cependant pas pour battue. Avec une persévérance opiniâtre, elle s'ef- força alors de faire reconnaître dans le droit des gens conventionnel, par une série de traités séparés, ce droit qu'elle n'avait pu faire proclamer solennellement par un Congrès des grandes puissances, j'entends parler du droit de visite réciproque, en pleine paix, à bord des bâtiments soupçonnés de faire la traite. C'est ainsi que furent conclus les traités de 1823 avec les Pays-Bas, 1824 avec la Suède... et bien d'autres encore ; puisqu'en 1850, dit M. Desjardins, quatre-vingt-quatre traités sur cette matière unissaient la Grande-Bretagne aux autres nations maritimes (1).

Après la révolution de 1830, elle trouva en France un champ bien préparé à accepter ses prétentions. Les monarchies européennes nous témoignaient alors une certaine méfiance et beaucoup de froideur, alors que nos relations avec l'Angleterre ne s'étaient point refroidies. Le gouvernement français lui savait naturellement gré de cette bienveillance, et le libéralisme anglais était sympathique aux idées nouvelles. C'est alors que la France signa les conventions de 1831 et 1833.

D'après la première, le droit de visite réciproque était accordé aux deux puissances, mais seulement dans certains parages, pour la répression de la traite, et par des bâtiments de guerre dont les commandants devaient avoir au moins le grade de lieutenant de vaisseau. Le nombre des bâtiments à investir de ce droit

(1) *Revue des Deux-Mondes*, 1891, V. p. 878.

était d'ailleurs limité et devait être fixé chaque année par une convention spéciale : il pouvait n'être pas le même pour l'une et pour l'autre nation « sans que, « dans aucun cas, le nombre des croiseurs de l'une pût « être de plus du double de celui des croiseurs de « l'autre » (art. 3).

Le traité de 1833 complétait le traité précédent qui, fort laconique, avait beaucoup trop laissé à l'arbitraire des croiseurs. Il stipulait des dommages-intérêts pour le navire indûment arrêté et exemptait les convois de cette visite. Et même, il attribuait, en cas de confiscation, 65 °/₀ du produit net de la vente du navire et des cargaisons à l'équipage du *capteur*.

La vieille tradition française semblait abandonnée. Pendant plus de dix ans, au grand jour, à maintes reprises, la France accorda, par des traités, à diverses puissances, le droit de visiter en pleine paix ses navires de commerce : le 26 juillet 1834 au Danemark, le 8 août suivant à la Sardaigne, le 21 mai 1836 à la Suède, le 9 juin 1837 aux villes hanséatiques, le 14 février 1838 aux Deux-Siciles, le 26 août 1840 à Haïti. Une tradition nouvelle, dit M. Desjardins (1), commençait à détrôner l'ancienne quand la « chaîne des temps », comme on disait alors, fut heureusement renouée.

Ce fut en effet seulement en 1842 que le Parlement

(1) *Revue des Deux-Mondes*, t. V, p. 891.

parut s'apercevoir de la situation créée par ces traités, alors qu'un acte plus solennel était soumis à son approbation.

L'Angleterre était sur le point de voir ses persévérants efforts couronnés de succès : les cinq grandes puissances européennes se reconnaissaient un droit de visite réciproque en pleine paix sur les navires de l'une et de l'autre, en vue d'empêcher le commerce des esclaves. Les Etats-Unis seuls avaient refusé leur consentement. Et, pour comble d'ironie, c'était la France elle-même, à l'instigation du gouvernement britannique, qui avait obtenu sur ce point l'adhésion de la Russie, de l'Autriche et de la Prusse hésitantes. Nous tirions encore une fois les marrons du feu pour le plus grand profit de nos voisins d'Outre-Manche.

L'accord avait été signé à Londres le 20 décembre 1841 : on n'attendait plus que la ratification du roi, qui paraissait certaine.

M. Billault, député de Nantes, ouvrit le feu à la Chambre. Après avoir rappelé les prétentions de l'Angleterre à la souveraineté des mers, il représenta, l'histoire en main, le droit de visite comme un des principaux attributs de cette souveraineté. Il opposa à la complaisance servile du gouvernement français la fière réponse du cabinet de Washington qualifiant les prétentions britanniques d'« usurpation odieuse, insultante, « et tyrannique ». Il montra que la réciprocité stipulée n'était qu'un leurre devant la supériorité numérique de la marine militaire anglaise couvrant les mers de son pavillon. Il mit en relief les embarras où nous jetterait un tel pacte, conclu non seulement avec l'Angleterre mais avec l'Europe entière. Enfin, pour terminer cette admirable plaidoirie, il représenta la France, « tète de « colonne des marines secondaires contre l'Angleterre », dépouillée de son rôle naturel, le droit international mutilé, la liberté des mers sacrifiée, le sentiment de fierté pour notre pavillon refroidi et nos marins euxmèmes perdant leur idolàtrie pour ce drapeau tricolore qui faisait leur force et leur valeur (1).

MM. Dupin et Thiers appuyèrent cette véhémente harangue et aidèrent M. Billault à réveiller le patriotisme français.

A la séance suivante, Berryer monta à la tribune et exprima son étonnement que « le gouvernement de la « France pût autoriser un Anglais, un matelot anglais, « un marin anglais à monter sur le bord de l'armateur « français, à violer le domicile de mer d'un Français », insistant de plus sur les inconvénients commerciaux de la visite. Le croiseur anglais deviendrait le juge provisoire d'un navire français, juge compétent pour faire tous actes d'instruction, de perquisition et de saisie, à même par conséquent de ruiner l'armateur et les chargeurs en prolongeant l'interruption du voyage. Par la

(1) Discours prononcé par M. l'avocat général Desjardins à l'audience de rentrée de la Cour de cassation le 16 octobre 1890.

visite et les recherches, il arriverait à connaître, pour le plus grand avantage de certains concurrents, la provenance et la destination des marchandises, tous les détails d'une expédition, tous les secrets d'une entreprise.

Il suffirait, continuait l'orateur, de quelques arrestations abusives pour discréditer notre marine marchande et transporter une partie du fret français à la marine anglaise (1).

Sur un appel pressant de M. Billault aux officiers de marine qui siégeaient alors à la Chambre, l'amiral Lalande parut à la tribune et porta les derniers coups au traité du 20 décembre. « Nous vivons dans la con-
« viction, dit-il, que la mer n'appartient à personne
« exclusivement, que toutes les nations ont un droit
« égal et illimité d'en user. Lorsque les traités de 1831
« et de 1833 parurent, nous les trouvâmes exorbi-
« tants... Ces mesures nous causaient ce malaise que
« produit un mauvais moyen employé à bonne fin...
« Ce ne serait pas nous, disions-nous alors, nous qui
« avons besoin de tant d'air et de liberté, qui blâme-
« rions les moyens employés pour anéantir l'esclavage,
« si ces moyens ne portaient en même temps atteinte
« à la liberté des mers et, il faut le dire, à notre consi-
« dération nationale, car c'est la France qui, la pre-
« mière, a écrit sur son pavillon : *Liberté des mers*,

---

(1) Discours de M. Desjardins.

« et cette liberté elle l'a voulue pour tous et en tous
« temps (1). »

M. Guizot, ministre des affaires étrangères, était resté
seul à défendre le traité. Il s'efforça en vain de montrer
que les contrats de 1831 et 1833 armaient la France
contre les abus du droit de visite, et que, d'ailleurs,
depuis dix ans ces abus ne s'étaient pas pro-
duits. Il chercha vainement à défendre l'Angleterre
contre les intentions secrètes qu'on lui attribuait bien
justement. Il dut battre en retraite, et la ratification du
roi fut indéfiniment ajournée : la France resta fidèle à
ses traditions.

Les négociations furent alors reprises avec l'Angleterre sur d'autres bases : elle furent longues, difficiles
et aboutirent à une convention, conclue pour dix ans
seulement, le 29 mai 1845, qui substitua la simple
enquête du pavillon à la visite. « Attendu, dit l'art. 8,
que l'expérience a fait voir que la traite des noirs, dans
les parages où elle est habituellement exercée, est souvent accompagnée de faits de piraterie dangereux pour
la tranquillité des mers et la sécurité de tous les pavill-
lons ; considérant en même temps que, si le pavillon
porté par un navire est *prima facie* le signe de la nationalité de ce navire, cette présomption ne saurait être considérée comme suffisante pour interdire de procéder à
sa vérification, puisque, s'il en était autrement, tous les

(1) Même discours.

pavillons pourraient être exposés à des abus en servant
à couvrir la piraterie, la traite des noirs ou tout autre
commerce illicite ; afin de prévenir toute difficulté dans
l'exécution de la présente convention, il est convenu
que des instructions, fondées sur les principes du droit
des gens et sur la pratique constante des nations maritimes, seront adressées aux commandants des escadres et
des stations françaises et anglaises sur la côte d'A-
frique. »

D'après les instructions anglaises annexées à la convention, le croiseur devait se contenter de détacher
une chaloupe vers le navire suspect battant pavillon
français, sans le forcer à s'arrêter, « mais si la force du
vent ou toute autre circonstance rendait ce mode d'examen impraticable », il pouvait recourir aux moyens
coercitifs, aborder le navire, et vérifier sa nationalité
par l'examen des papiers de bord, ou *par toute autre
preuve* ».

Ces textes étaient bien vagues et offraient large-
ment prise à l'arbitraire des croiseurs. Néanmoins le
Parlement ne s'en émut pas : la tribune resta muette,
et la convention fut tranquillement exécutée avec l'assentiment universel.

Quoique limitée à une durée de dix années, elle fut
à plusieurs reprises prorogée par des instructions arrêtées en commun entre les gouvernements français et
anglais et données aux commandants des croiseurs des
deux puissances.

Celles du 31 mars 1859 disposent à l'article 5 :
« Quand la présomption de nationalité résultant des
couleurs arborées par un vaisseau marchand peut être
mise sérieusement en doute à raison d'informations
positives ou d'indications de nature à faire croire que
le navire n'appartient pas au pays dont il porte le drapeau, le vaisseau de guerre étranger peut avoir recours
à une vérification de nationalité ». Et à l'article 6 :
« Une embarcation peut être envoyée dans ce but vers
le navire suspect après qu'on lui a annoncé le but de sa
mission. La *vérification consiste dans l'examen des
papiers établissant la nationalité du navire*. On ne
peut rien demander de plus que la production de ces
documents ».

Il faut reconnaître dans ces textes une précision autrement grande que ne le comportaient ceux de 1845. Le
croiseur était tenu de se contenter de l'examen de certains papiers de bord. — Et l'article 9 insistait encore sur
ce point : « Le capitaine d'un navire de guerre étranger
ne devra jamais monter à bord ou envoyer à bord d'un
navire marchand, sauf en *cas de soupçon légitime de
fraude. En dehors des couleurs arborées, il y a de
nombreuses indications qui permettent à un marin
de reconnaître la nationalité d'un navire*.

De nouvelles instructions également arrêtées entre la
France et l'Angleterre en 1867 et encore actuellement
en vigueur, vinrent confirmer et compléter celles de
1859. Elles précisent les papiers de bord à produire par

les navires marchands pour l'enquête du pavillon ; à savoir : pour les Français, « l'acte de francisation et le « congé de la douane ». Et elles ajoutent : « Lorsqu'après l'examen des papiers de bord, un navire marchand soupçonné de fraude sera détenu par un croiseur étranger, il devra être conduit le plus tôt possible dans un port ou à une autorité de la nation dont il a arboré les couleurs, de telle manière que la sincérité du pavillon soit constatée par les autorités de la puissance à laquelle appartient ce pavillon ».

Telle était la situation il y a quelques années à peine, lorsque les débats soulevés à la Chambre des députés à l'occasion de la ratification de l'Acte général de la conférence de Bruxelles, vinrent remettre sur le tapis cette vieille question de la visite en temps de paix et nous donner un écho des débats de 1842. Je les examinerai tout à l'heure.

La France ne fut pas d'ailleurs, dès le début de notre siècle, l'unique objet des tentatives du gouvernement anglais.

Avec le Portugal, ce dernier agit beaucoup plus cavalièrement. Un traité avait été conclu entre les deux pays pour la suppression de la traite, en 1815. Le Cabinet de Saint-James prétendit que le gouvernement portugais était impuissant à faire respecter ce traité, et, le 24 août 1839, les Chambres anglaises votèrent un bill qui autorisait les croiseurs anglais à visiter les bâtiments qui leur paraîtraient suspects, portant le pavillon portugais. Malgré cette violation cynique des principes les plus élémentaires du droit international, le Portugal dut s'incliner devant la force et reconnaître, par un traité du 3 juillet 1842, entre autres choses, la légitimité du droit de visite et de recherches, et l'assimilation de la traite à la piraterie.

Le même procédé fut employé vis-à-vis du Brésil en 1845, et les navires de cette puissance furent également soumis, en vertu d'un simple bill du Parlement britannique, à la visite des croiseurs anglais.

Avec les États-Unis, l'Angleterre dut mettre plus de formes. Nous avons déjà vu plus haut l'accueil que reçurent ses propositions en 1818. Elle renouvela sa tentative en 1820, et le 13 mars 1824, ces négociations aboutirent à une convention par laquelle la traite était déclarée crime de droit international et assimilée à la piraterie. Le droit de visite réciproque était, sous certaines conditions, accordé aux navires des deux puissances sur les côtes d'Afrique, d'Amérique et des Indes occidentales. Mais le Sénat de Washington voulut faire subir à ce traité certaines modifications, notamment que le droit de visite ne pourrait pas être exercé sur les côtes d'Amérique, et que chacune des deux puissances pourrait, quand elle le jugerait utile, dénoncer le traité, qui prendrait fin six mois après cette dénonciation.

L'Angleterre n'accepta pas ces modifications et le traité fut rompu avant même d'être conclu définitivement. Les pourparlers continuèrent. Le cabinet de Lon-

dres se décida alors à exposer plus nettement ses vues
sur le droit de visite en temps de paix : « Il est d'usage
« invariable dans toutes les marines, dit lord Aberdeen,
« de déterminer. par la visite, la nationalité des bâti-
« ments marchands sur l'Océan, s'il y a lieu de soup-
« çonner leur caractère illégal... Si, dans certaines la-
« titudes et pour un objet spécial, les bâtiments en
« question sont visités, ce n'est pas comme américains
« mais *comme des bâtiments anglais* employés à un
« commerce prohibé, et *munis du pavillon américain*
« *dans une intention criminelle*, ou comme des bâ-
« timents appartenant aux États qui ont accordé à
« l'Angleterre le droit de visite par des traités, et cher-
« chant à échapper à l'exercice de ce droit en usur-
« pant frauduleusement le pavillon de l'Union ; ou
« enfin, ils sont visités comme des pirates mis hors la
« loi et n'ayant aucun droit de pavillon ou de nationa-
« lité ».

Une telle théorie, si elle était admise, autoriserait
donc la Grande-Bretagne à exercer le droit de visite
en dehors de tout traité, quel que soit le pavillon des
navires marchands rencontrés par des croiseurs, puisque tous ces navires sont réputés anglais jusqu'à preuve
contraire. L'exposer c'est la réfuter.

Le gouvernement américain l'accueillit comme elle le
méritait et signa avec l'Angleterre, le 9 avril 1842, un
traité qui décidait que le droit de visite pour la répression de la traite ne pourrait être exercé que par les

bateaux de guerre de la nation des bâtiments rencontrés. Les deux puissances devaient entretenir un nombre
de croiseurs suffisants sur les côtes d'Afrique.

Quelques années plus tard, le Gouvernement anglais
déclara qu'en signant cette convention, il n'avait rien
abandonné de ses anciennes prétentions, et en 1858, il
donna ordre à ses bâtiments de visiter les navires de
guerre des États-Unis suspects de piraterie et de traite.
Le cabinet de Washington protesta, celui de Saint-James
consulta les avocats de la Couronne qui émirent l'avis
qu'on ne pouvait citer aucune autorité en faveur de la
conduite prescrite aux croiseurs britanniques : ceux-ci
furent en conséquence invités à s'abstenir de toute mo-
lestation contre le pavillon américain.

Le 25 juillet suivant, lord Lyndhurst défendit cette
décision à la tribune de la Chambre des Lords dans un
discours empreint de la plus grande noblesse de caractère et respirant la plus complète sincérité : « Nous
« n'avons renoncé, dit-il, à aucun *droit* ; car aucun
« droit, comme celui en discussion, n'a jamais existé.
« Nous avons abandonné l'usurpation d'un droit, et, en
« le faisant, nous avons agi avec justice, sagesse, et
« prudence... Ce droit n'a jamais été affirmé par aucun
« des auteurs qui ont écrit sur le droit international...
« Il n'est pas de décision de Cours de justice ayant ju-
« ridiction pour se prononcer sur de telles questions
« dans laquelle ce droit ait jamais été admis... Quant à
« moi, je n'ai jamais pu découvrir un principe de droit

« ou de raison sur lequel pût reposer un tel droit...

« La règle relative à la pleine mer, c'est que là
« toutes les nations sont égales. Un navire marchand
« fait partie du domaine du pays auquel il appartient.
« Quel droit a le navire d'une nation d'entraver un na-
« vire d'une autre nation, quand leurs droits sont
« égaux ?... Il peut se faire que le pavillon américain
« soit usurpé par une autre puissance pour couvrir les
« entreprises les plus indignes ; cela ne saurait altérer
« le droit. Comment la conduite d'une tierce-puissance
« peut-elle affecter un droit existant appartenant aux
« Etats-Unis ? En vertu d'un traité avec l'Espagne, nous
« avons le droit de visiter et de rechercher les navires
« espagnols en vue de la suppression de la traite ; mais
« cela ne saurait affecter les droits de l'Amérique. Si
« un croiseur constate le mieux qu'il lui est possible
« qu'un navire n'a pas le droit de se servir du pavillon
« américain, il peut le visiter et l'inspecter ; et si ces
« soupçons sont fondés, il peut traiter le navire confor-
« mément aux relations dans lesquelles le pays auquel
« appartient le navire se trouve avec l'Angleterre.
« L'Amérique n'aurait pas le droit d'intervenir ; ce
« serait affaire entre le croiseur anglais et le navire
« saisi. S'il se trouvait que le navire fût américain,
« nous devrions présenter des excuses pour l'acte et
« fournir la plus ample réparation pour l'offense com-
« mise... »

C'était là condamner sévèrement les anciens errements des publicistes et des hommes d'État de son pays. Depuis lors, le gouvernement anglais ne renouvela plus ses prétentions, et conformément au système développé en 1858 par lord Lyndhurst, il se contenta d'exercer le droit de visite sur les navires marchands portant les couleurs des puissances qui lui avaient reconnu ce droit par des traités spéciaux.

Il y a quelques années, à la Conférence de Berlin, en 1855, le comte de Bénomar, plénipotentiaire d'Espagne, émit le vœu qu'on annulât d'un commun accord, en ce qui touche la côte occidentale d'Afrique, les traités relatifs au droit de visite, afin de donner au commerce des garanties contre un abus éventuel et « d'as- « surer, depuis le détroit de Gibraltar jusqu'au cap de « Bonne Espérance, la liberté de navigation qui devait « être le complément de l'œuvre de la conférence ». Il ne fut pas donné suite à ce vœu à ce moment.

Quelque temps après, le monde civilisé s'aperçut avec étonnement que la traite qu'on croyait supprimée n'avait fait que se déplacer et était exercée sur une vaste échelle, tant dans le Maroc, le Soudan, et l'intérieur de l'Afrique, que sur la côte orientale, par Zanzibar et les pays Gallas, vers l'Arabie.

C'est alors que, le 18 novembre 1889, sous l'inspiration du roi des Belges, fut réunie la conférence de Bruxelles. Toutes les questions relatives à la traite y furent soigneusement examinées, et particulièrement le droit de visite.

Sur ce point, M. Bourée, ministre de France, déclara d'abord catégoriquement que : « la France ayant refusé « depuis longtemps de prendre part à un engagement « international quelconque établissant le droit de visite « en temps de paix, ne pouvait renoncer à ses tradi- « tions les plus chères qui font partie de son histoire « nationale.... »

Le premier plénipotentiaire anglais répondit à son tour : « qu'il ne saurait jamais admettre que les bâti- « ments de certains États contractants fussent exempts « de tout contrôle, et regrettait hautement que le gou- « vernement français crût être dans l'impossibilité d'ac- « cepter le droit réciproque de surveiller les navires à « voiles ».

La conférence décida alors de confier à M. de Martens, second plénipotentiaire de Russie, et conseiller du ministère des affaires étrangères russe, le soin de pré- parer un projet de règlement relatif à ces questions. Ses travaux et sa compétence sur le droit international maritime l'avaient désigné aux suffrages de l'assem- blée, et d'autre part la Russie était la puissance média- trice par excellence. n'étant pas directement engagée comme la France ou l'Angleterre dans le conflit sur le droit de visite, et n'ayant aucun intérêt propre à défendre en Afrique.

Ces négociations aboutirent à l'acte général de 1890.

Il fut décidé que le droit de visite réciproque en temps de paix, ne dérivant pas du droit naturel, ne devait être exercé que dans les limites déterminées par les traités particuliers ; l'enquête sur le chargement, les recherches en un mot, ne pourraient donc avoir lieu qu'à l'égard des bâtiments naviguant sous le pavillon d'une des puissances qui étaient liées « par des conven- « tions concernant le droit réciproque de visite, de re- « cherche et de saisie sur mer ». Et même dans les limites prévues par ces traités, le droit de visite était qualifié d'*exceptionnel*, et il était recommandé aux commandants des croiseurs de n'en user que si la véri- fication des papiers de bord laissait un doute sérieux dans leur esprit ou s'il existait d'autres présomptions fondées.

Mais, si le bâtiment suspect se trouvait sous la pro- tection du pavillon français, les croiseurs devaient dans tous les cas se borner à la vérification de certains pa- piers de bord, c'est-à-dire du titre autorisant le port du pavillon, du rôle d'équipage, et du manifeste des passa- gers noirs. Dans le cas où, le croiseur, après avoir véri- fié ces documents, conserverait des doutes sur la correc- tion des opérations poursuivies par le bâtiment arrêté, il n'aurait que le droit de le conduire dans le port le plus proche où se trouverait une autorité française, et cette autorité seule aurait qualité pour procéder à une enquête sur la cargaison ou à une visite proprement dite *en présence de l'officier capteur*.

En outre, les bâtiments suspects ne pourraient être, soit visités, soit arrêtés que dans une zône maritime assez restreinte, strictement délimitée par la conférence, et seulement par les navires de guerre.

Les plénipotentiaires anglais, lord Vivian et sir John Kirk, firent aussi remarquer que la traite ne se pratiquait plus aujourd'hui comme en 1841 sur des navires de grandes dimension, mais à peu près exclusivement sur de petits navires, soit à vapeur, soit même plutôt à voiles (*boutres* ou *dows*) ; on convint alors de limiter l'exercice du droit de visite « aux navires d'un tonnage « inférieur à 500 tonneaux, quitte à reviser cette « clause au fur et à mesure que l'expérience en dé- « montrerait la nécessité ». Les grands navires, de plus de 500 tonneaux, par lesquels se fait presque tout le commerce honnête et sérieux des puissances civilisées sur la côte orientale d'Afrique, dans la zône de la traite, échappaient ainsi aux investigations des croiseurs.

Enfin, avec le concours du Portugal, le plénipotentiaire français obtint l'addition d'une clause expresse, réservant aux différentes puissances la police de la traite dans leurs eaux territoriales.

Il semble que des dispositions aussi modérées limitant même la visite à la seule inspection de certains papiers pour les navires battant pavillon français, auraient dû recevoir l'approbation unanime du Parlement de Paris, alors surtout que ce droit ne devait être exercé que dans une zône maritime strictement délimitée, et seulement sur les bâtiments de moins de 500 ton-

neaux. La liberté du commerce national qui se fait
généralement dans ces parages lointains sur des navires à
vapeur d'un tonnage sensiblement supérieur, paraissait
parfaitement garantie.

Il n'en fut pas ainsi : Après des débats très mouve-
mentés, les 24 et 25 juin 1891, la Chambre des députés
vota à une forte majorité cette proposition : « La Chambre
surseoit à donner l'autorisation de ratifier l'acte général
de la conférence de Bruxelles du 2 juillet 1890, la
déclaration en date du même jour et le protocole signé
à Paris le 9 février 1891 ».

La Chambre, s'attachant plutôt aux mots qu'au fond
des choses, crut voir dans l'emploi du mot « visite »,
pour dissiper cette simple vérification des pièces de
bord, autrement dit « l'Enquête du pavillon », tous les
inconvénients des recherches. « Il y aurait donc, chose
étrange, disait M. Piou, le 25 juin, deux droits de visite,
dont l'un consisterait à visiter les navires suspects et
l'autre à ne pas les visiter ! » Un rapport de M. de
Martens du 17 février 1890, avait cependant répondu
à cette objection : « Le droit de visite proprement dit,
y lit-on, est destiné essentiellement à compléter le droit
de vérifier les papiers de bord... Le bon sens même
exclut la nécessité de procéder à la visite, même dans
le cas où elle pourrait être légalement exercée si le
commandant du croiseur, par *une seule vérification
des papiers de bord*, s'est convaincu du caractère du
navire et du chargement ». Les deux droits étaient

donc nettement distingués, et puisque la visite (lisez :
recherches) ne pouvait pas être exercée légalement à
bord des navires battant pavillon français, la France ne
subissait pas le droit de visite. Il faut ajouter que
même la vérification des papiers était strictement limitée
à ceux relatifs à la nationalité…. et ne pouvait s'étendre,
comme dans le traité non ratifié de 1841, aux papiers de
commerce.

La seule objection soulevée dans ces débats, qui
puisse paraître à première vue de quelque valeur, est
celle de M. Félix Faure : « Ce qu'avant tout je repousse,
disait-il, c'est qu'un officier étranger puisse se tenir à
côté de votre commissaire enquêteur, de l'agent de la
République française, pour examiner comment il
opère ».

Nous avons vu (p. 192) dans quelles circonstances
ce fait devait se produire.

Le bâtiment arrêté avait été reconnu français, ses
papiers de bord étaient en règle, mais le croiseur avait
des soupçons graves d'irrégularité relativement à ses
opérations commerciales. Il ne pouvait pousser lui-
même plus loin ses investigations, ses recherches. Par
respect pour le pavillon français reconnu sincère, il
devait se contenter de conduire ce navire dans le port
français le plus proche, et là, c'étaient les autorités
françaises seules qui avaient le droit de procéder à la
visite, *mais en présence de l'officier capteur.*

Avec M. Desjardins, nous répondrons à l'objection
de M. Faure que la présence de cet officier, dans ces
circonstances, ne nous paraît impliquer aucun abandon
de dignité de la part de la France : il ne devait assister
à la procédure que parce qu'elle devait être contradic-
toire, et qu'en son absence, le bâtiment arrêté pouvait
à sa guise altérer la véracité des faits et même provoquer de faux témoignages sans réfutation possible.

Nous ajouterons même que c'était à ses risques et
périls que le croiseur avait arrêté le navire suspect, et
qu'une erreur non suffisamment justifiée de sa part
pouvait l'obliger à des dommages-intérêts.

Dans ces conditions, c'était donc uniquement comme
partie intéressée à la solution du litige que l'officier
capteur intervenait, de façon à présenter lui-même sa
défense, combattre les dénégations du marchand et
aider la justice dans son œuvre.

Il faut donc reconnaître que, pas plus que les autres,
cette objection ne résiste à l'examen, et qu'en refusant
son approbation à l'acte de Bruxelles, le Parlement
français s'est absolument mépris sur la portée de cet
acte bien différent du traité non ratifié du 20 décembre 1841.

La France reste donc soumise, relativement à ces
questions, aux règles internationales édictées dans les
conventions antérieures à 1890, et particulièrement aux
instructions de 1867.

Dans les eaux territoriales, d'ailleurs, la police de la traite reste expressément réservée aux croiseurs nationaux. Tout dernièrement, certaines difficultés furent soulevées à ce sujet, à propos de Madagascar.

Dans le courant de l'année 1893, des croiseurs anglais avaient à diverses reprises visité dans les eaux de cette île des *boutres* battant pavillon français, qu'ils soupçonnaient de transporter des esclaves. Le gouvernement français voyant dans ces procédés une atteinte portée à ses droits de protectorat, adressa de vives protestations à Londres. Elles eurent leur écho au Parlement anglais. Sir Charles Dicke ayant demandé à sir Edward Grey, secrétaire du *Foreign-Office*, si la reconnaissance, par l'Angleterre, du protectorat de la France sur Madagascar pouvait empêcher les croiseurs anglais de visiter dans les eaux Malgaches les bâtiments soupçonnés de faire la traite, le ministre répondit par l'affirmative, les eaux territoriales de l'Etat protégé se trouvant, comme le continent lui-même, soumises à la juridiction de l'Etat protecteur, et l'acte général de Bruxelles ayant consacré cette solution.

Tel est donc de nos jours le droit positif consacré par l'accord universel des peuples civilisés relativement à la visite en temps de paix. Je l'ai longuement exposé en ce qui concerne la répression de la traite, il ne me reste plus qu'à dire quelques mots de la piraterie, son

second objectif, et à comparer les résultats acquis avec
le droit naturel.

Les pirates sont les ennemis de la société tout
entière. A ce titre, toutes les puissances ont le droit de
les saisir, de les condamner et de les exécuter conformément à leur propre législation. Il en résulte naturellement que les croiseurs de tous les navires ont sur de
tels bâtiments le droit de visite dans toute sa plénitude.
Ceci n'a jamais été contesté.

Mais le bâtiment rencontré en mer par un croiseur
est-il un pirate ? Voilà la difficulté ; et dans l'incerti-
tude que doit faire le bâtiment de guerre ? La chose est
délicate, et la ligne de conduite à suivre en pareil cas
est laissée à l'appréciation la plus absolue des commandants de la marine de guerre. Si, d'après les circonstances de temps et de lieux, d'après les allures du
bâtiment suspect, et son aspect extérieur, le croiseur
croit avoir affaire à un pirate, il a le droit de le chasser,
de l'arrêter, de le visiter... Mais, s'il s'est trompé, et
si la visite lui démontre la parfaite innocence de ce
bâtiment, aucune raison ne serait suffisante pour excu-
ser la conduite de ce croiseur à l'égard du marchand
ainsi molesté, et, conformément aux paroles de lord
Lyndhurst que j'ai rapportées plus haut, dans un cas
quasi similaire, l'État dont fait partie le croiseur devrait
présenter « à la nation du bâtiment marchand des

« excuses, et à celui-ci la plus ample réparation pour
« l'offense commise... »

Nous ne saurions admettre vis-à-vis d'un navire
inconnu rencontré en mer, ce prétendu droit de police,
que s'arrogent si volontiers certaines puissances et même
certains commandants de la marine de guerre, et qui
consiste à obliger cet inconnu, même par la force, à
montrer ses couleurs. Le seul jurisconsulte qui ait cherché à établir la légitimité d'un tel droit est le commandant Ortolan, mais j'ai déjà fait observer que cet auteur
traite un peu légèrement les droits des navires marchands. Hormis le cas de guerre officiellement déclarée
entre deux puissances, aucune n'a, sur la marine de
commerce d'une autre, le moindre droit de supériorité,
et l'on ne saurait admettre la plus petite brèche au
grand principe de la liberté des mers.

A propos de la visite destinée à réprimer la traite, il
est admis par le droit international que les puissances
peuvent légitimement se concéder réciproquement par
des traités l'exercice de ce droit sur leurs marines de
commerce.

Nous ne pouvons y souscrire. La souveraineté de
l'État sur ses nationaux, son droit de juridiction sur les
citoyens est incessible et inaliénable, et il ne peut en
aucune façon en déléguer l'exercice à son voisin, pas
plus qu'un magistrat ne saurait déléguer à un autre
l'exercice de la justice pour lequel il a reçu l'investi-

ture. L'opinion universelle des peuples n'est pas de cet avis, c'est possible. C'est qu'un souverain, monarque ou peuple, confond bien facilement le sentiment du droit avec sa volonté, deux choses aussi distinctes que la pure lumière du plus beau jour d'été ressemble peu à la lumière factice d'un théâtre de banlieue : Là nous avons pour guide le brillant soleil de la conscience, alors qu'ici cet astre est obscurci, souvent éteint, remplacé par la fausse lueur des passions, et la soif de l'autorité absolue.

APPENDICE

DE LA VISITE DES BATEAUX DE PÊCHE.

Pour terminer l'étude du droit de visite en temps de paix il ne me reste plus qu'à jeter un rapide coup d'œil sur un traité international signé à La Haye, le 6 mai 1882, et ratifié, après approbation des pouvoirs publics, en 1884.

Ce traité, conclu entre les diverses puissances riveraines de la mer du Nord pour la police de la pêche, consacre particulièrement en ce qui concerne la France une dérogation aux principes qui viennent d'être expo-

sés relativement à la visite en temps de paix ; il admet
l'exercice réciproque de ce droit *sur les bateaux de
pêche* des puissances contractantes.

Après avoir réglé d'une façon minutieuse les dispositions à observer par ces bateaux pour l'agencement
extérieur de la coque, cet acte établit les pièces de bord
dont ils devront être munis, et réglemente en détail
l'exercice même de la pêche.

Pour assurer l'observation de ces règles, l'article 29
dispose : « Lorsque les commandants des bâtiments
« croiseurs ont lieu de croire qu'une infraction a été
« commise... ils peuvent exiger du patron... d'exhiber
« la pièce officielle justifiant de sa nationalité. Mention
« sommaire de cette exhibition est faite immédiatement
« sur la pièce produite. Les commandants des bâtiments
« croiseurs ne peuvent pousser plus loin leur visite ou
« leur recherche à bord d'un bateau pêcheur qui n'ap-
« partient pas à leur nationalité, à *moins, toutefois,*
« *que cela ne soit nécessaire pour relever les preuves*
« *d'un délit ou d'une contravention relative à la po-*
« *lice de la pêche* (1). »

Voilà donc une brèche et une brèche sérieuse faite
dans les traditions françaises, prohibitives du droit de
visite et surtout des recherches en temps de paix. Et
cependant le Parlement garda le silence et donna son

(1) Dalloz, périod., 84. 4. 89.

approbation au traité, moins délicat en 1883 qu'il ne le fut en 1891, alors que les règles proposées avaient un caractère infiniment plus modéré.

Cette visite des bateaux de pêche, sous prétexte d'un délit toujours facile à présumer, me semble d'ailleurs présenter tous les inconvénients signalés particulièrement dans les débats de 1841. Je les ai suffisamment développés, et je me contenterai d'y renvoyer.

CONCLUSION

J'arrive donc à ma conclusion, et je prétends que, né des nécessités de la guerre et pour le temps de guerre seulement, le droit de visite ne saurait être détourné de son rôle de pure défense sans violer la loi naturelle dont il procède comme tout droit positif. Je prétends que, même dans ce cadre, l'honneur de la civilisation commande de le rejeter au rang des monuments historiques en tant qu'il constitue la préface de la prise de la propriété privée de l'ennemi, et que, droit accessoire, il doit s'évanouir lorsque les droits principaux auxquels il se rattache se sont trouvés garantis par d'autres moyens équivalents.

J'estime enfin que la « *visite* » en temps de paix, étant contraire aux principes du droit naturel et ne répondant nullement aux causes génératrices de ce droit durant la guerre, les traités conclus sur ce point par les puissances souveraines sont illégitimes et constituent des abus de pouvoir regrettables qui devraient disparaître de toute législation positive équitable : la simple enquête de pavillon étant parfaitement suffisante pour assurer la police des mers.

Vu :

Par le Président,

E. VERMOND.

Vu :

Par le Doyen,

A. PISON.

Vu et permis d'imprimer :

Le Recteur de l'Académie d'Aix,

BELIN.

TABLE DES MATIÈRES

DU DROIT DE VISITE SPÉCIALEMENT EN CAS DE GUERRE.

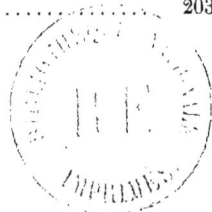

GRANDE IMPRIMERIE DE BLOIS. — PAUL GIRARDOT ET Cⁱᵉ.

ERRATA

Page 8, ligne 1re, — au lieu de : accomoder, lisez : *accommoder*.

— 15, ligne 11, — au lieu de : Genner, lisez : *Gessner*.

— 28, ligne 16, — au lieu de : paix et les États Généraux, lisez : *paix entre l'Angleterre et les États Généraux*.

— 39, ligne 20, — au lieu de : 16, lisez : *76*.

— 45, ligne 8, — au lieu de : qui constituaient, lisez : *qui constataient*.

— 68, ligne 11, — au lieu de : quelques-uns, lisez : *quelques-unes*.

— 73, ligne 25, — au lieu de : navire-tiers, lisez : *navire tiers*.

— 77, ligne 2, — au lieu de : île Candie, lisez : *île de Candie*.

— 93, ligne 22, — au lieu de : règlements du bâtiment, lisez : *règlements de la nation du bâtiment*.

— 94, ligne 15, — au lieu de : donnaient, lisez : *donnent*.

— 113, ligne 17, — au lieu de : notamment en 1786, lisez : *notamment dans celui de 1786*.

— 121, ligne 2, au lieu de : occasionneraient, lisez : *occasionnerait*.

— 122, ligne 1re, — au lieu de : Malgré ce précédent, dit Cauchy, la question, lisez : *Malgré ce précédent « la question, dit Cauchy*.

— 125, ligne 16, — au lieu de : les principes... peuvent être agités, lisez : *les questions... peuvent être agitées*.

— 132, ligne 4, — au lieu de : un représentant de, lisez : *un représentant du*.

— 132, ligne 7, — au lieu de : de souverain, lisez : *de son souverain*.

— 139, ligne 18, — supprimer la virgule après 1742.

— 142, ligne 9, — au lieu de : devaient, lisez : *doivent*.

— 155, ligne 25, — au lieu de : eût été, lisez : *aurait été*.

— 157, ligne 7, — supprimer la virgule après souverain.

— 169, ligne 17, — mettre une virgule après j'ajouterai.

— 194, ligne 14, — au lieu de : pour dissiper, lisez : *pour dissiper*.

— 201, ligne 17, — au lieu de : leur recherche, lisez : *leurs recherches*.

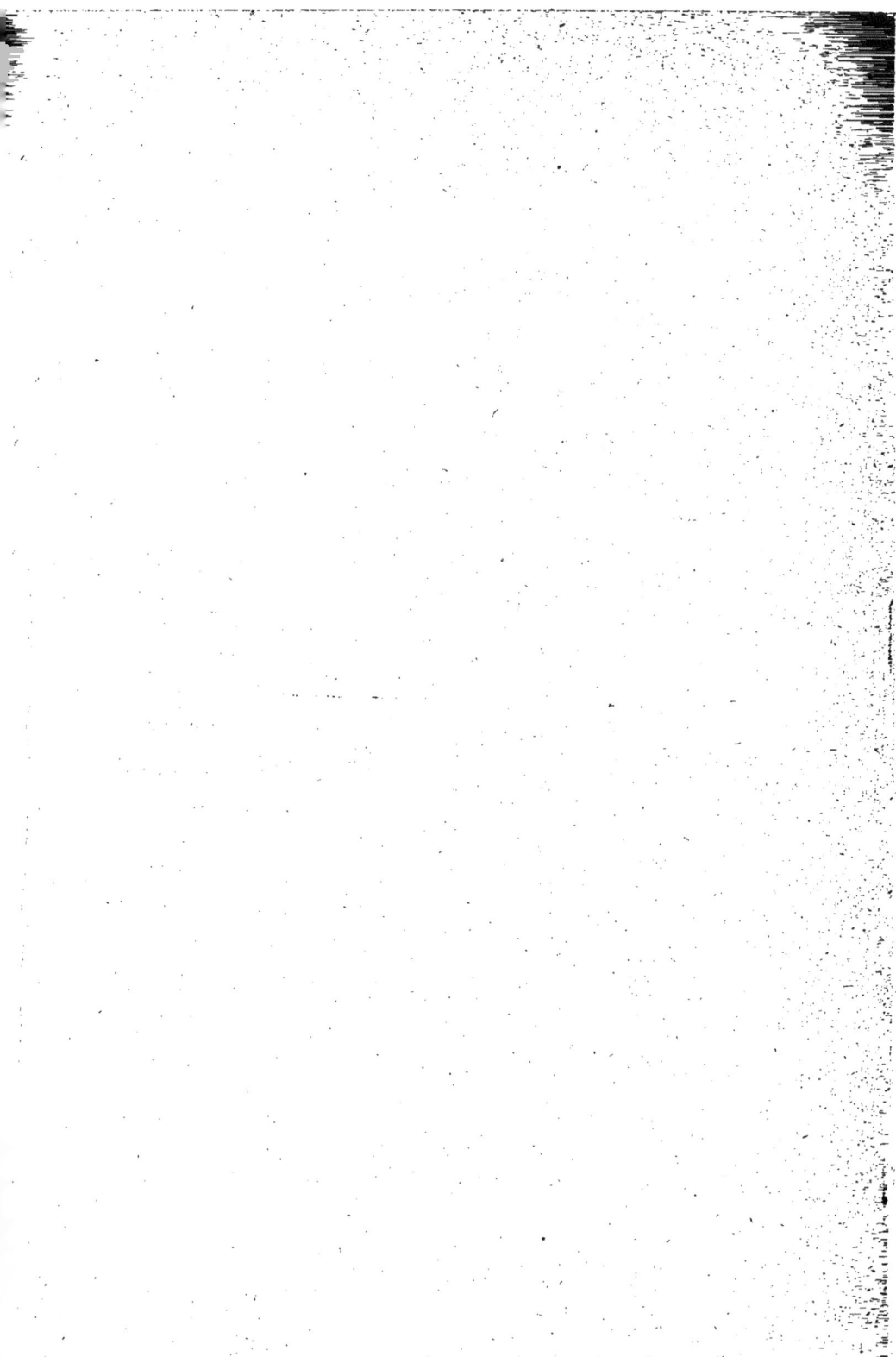

GRANDE IMPRIMERIE DE BLOIS. — PAUL GIRARDOT ET Cie

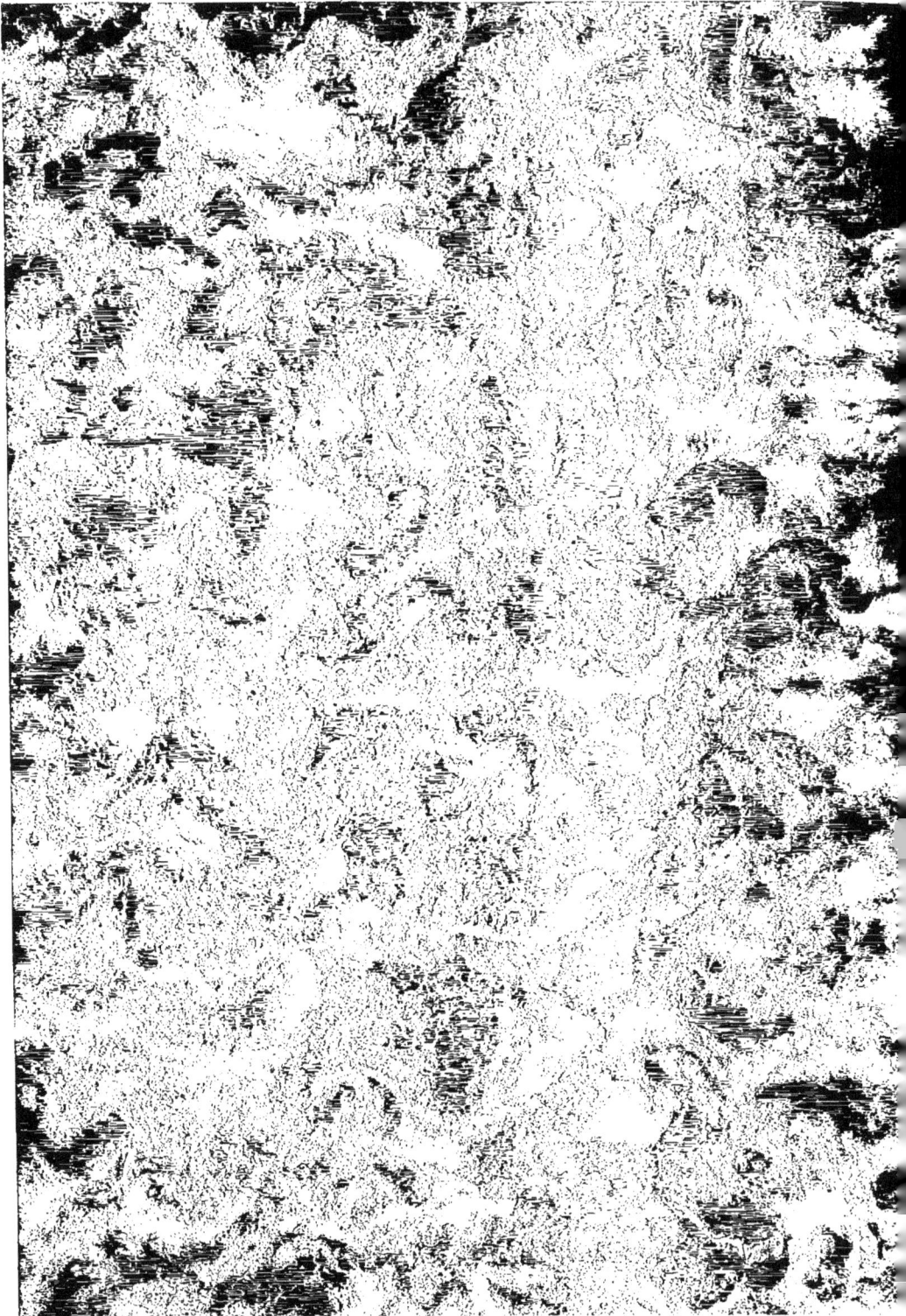

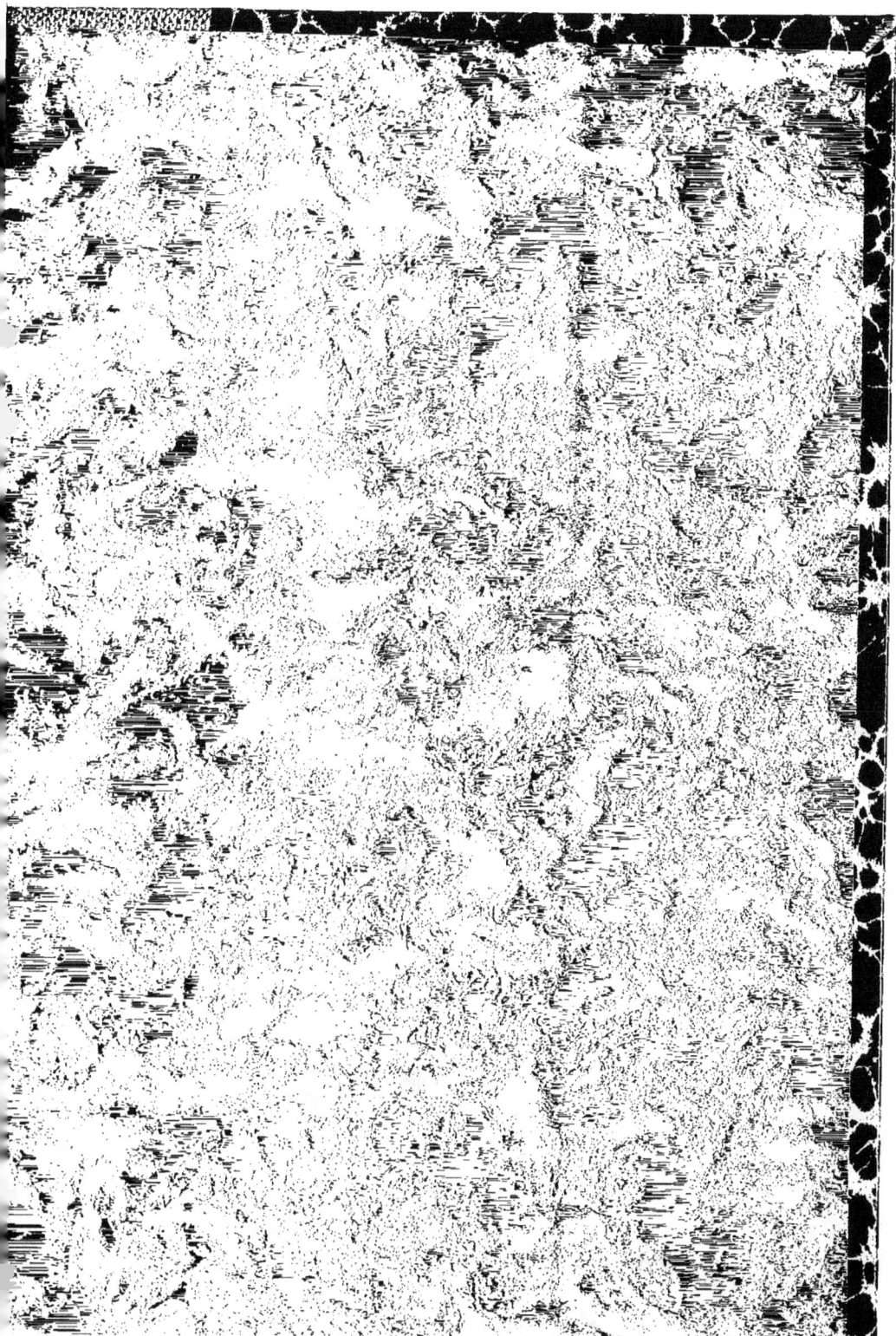

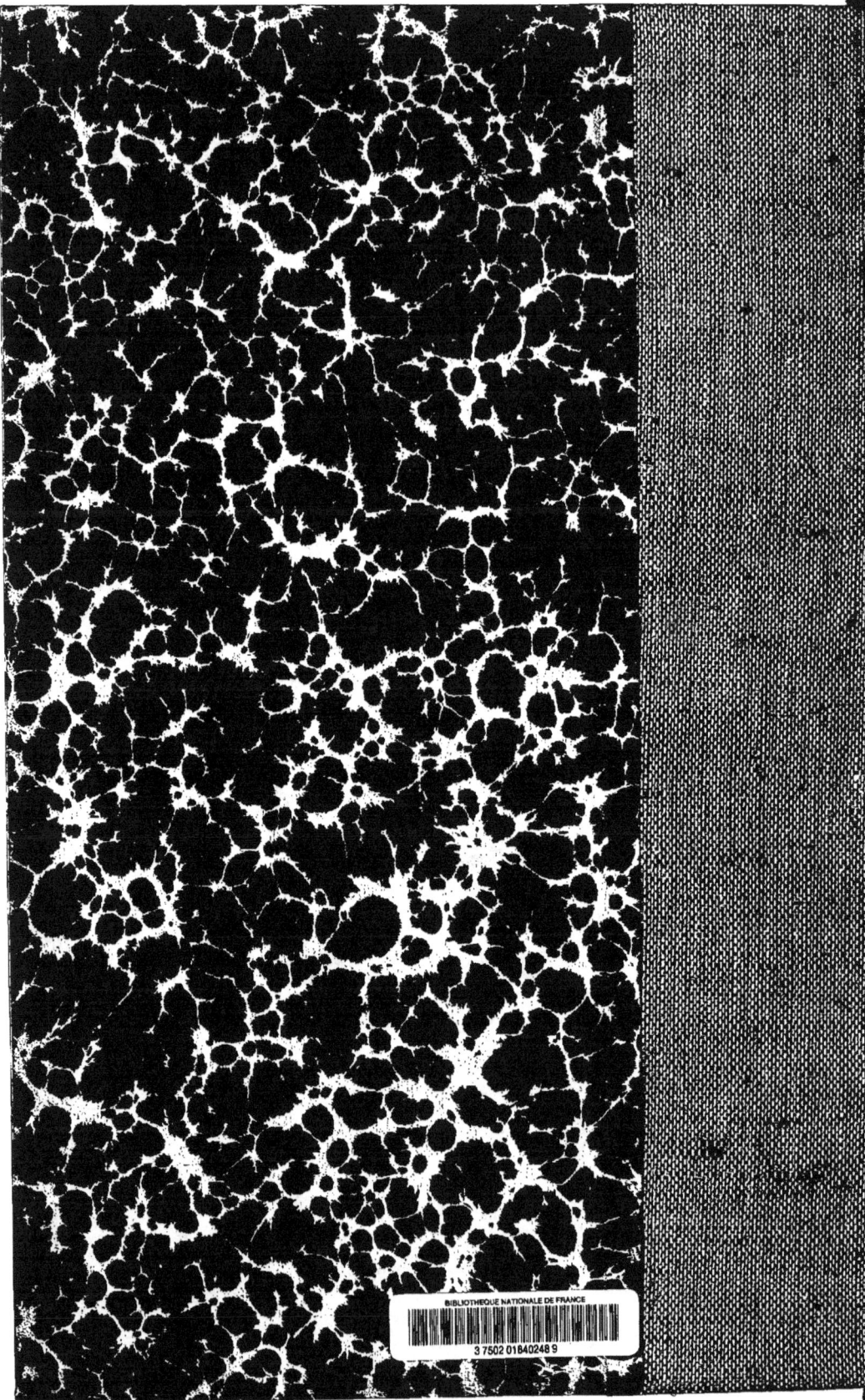

www.ingramcontent.com/pod-product-compliance
Lightning Source LLC
Chambersburg PA
CBHW070506200326
41519CB00013B/2736